Dr. Jessica Lütge

66 Spiele
für das 1. Schuljahr

zum Eingewöhnen, Wohlfühlen und Rhythmisieren

Verlag an der Ruhr

Titel
66 Spiele für das 1. Schuljahr
zum Eingewöhnen, Wohlfühlen und Rhythmisieren

Autorin
Dr. Jessica Lütge

Titelbildmotiv
© Marzanna Syncerz – Fotolia.com

Verlag an der Ruhr
Mülheim an der Ruhr
www.verlagruhr.de

Geeignet für die Klasse 1

Unser Beitrag zum Umweltschutz
Wir sind seit 2008 ein ÖKOPROFIT®-Betrieb und setzen uns damit aktiv für den Umweltschutz ein. Das ÖKOPROFIT®-Projekt unterstützt Betriebe dabei, die Umwelt durch nachhaltiges Wirtschaften zu entlasten.
Unsere Produkte sind grundsätzlich auf chlorfrei gebleichtes und nach Umweltschutzstandards zertifiziertes Papier gedruckt.

ISBN 978-3-8346-0687-7

Druck: AZ Druck und Datentechnik GmbH, Kempten, DE

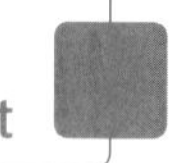

Spielen und Lernen gehören unmittelbar zusammen. Je jünger die Kinder sind, desto wichtiger ist diese pädagogische Grundeinstellung. Gerade im ersten Schuljahr, und speziell in den ersten Schulwochen, ist ein **spielerisches Kennenlernen, Ritualisieren und Zurechtfinden** von zentraler Bedeutung für das Wohlbefinden jedes Einzelnen und das Gefüge der Lerngruppe.

In diesem Buch finden Sie sowohl **Klassiker für das 1. Schuljahr,** die einfach jeder Lehrer* kennen sollte, als auch **neue Spiele,** die einige Überraschungen bereithalten. Gerade in den ersten Wochen werden Sie viele Spiele einsetzen, damit sich die Kinder an den schulischen Kontext Schritt für Schritt gewöhnen, und eine **gute Klassengemeinschaft** bilden können. Und ist es nicht entspannter, bei Lärm und Unruhe ein kleines Beruhigungsspiel aus dem Ärmel zu zaubern, das schnell zu einem Ritual wird, als die Kinder zu ermahnen?

Mit den Spielen in diesem Buch **erleichtern Sie sich viele Situationen im Unterrichtsalltag,** sodass Sie selbst gelassener werden und sich jeden Tag aufs Neue auf Ihre „Kleinen" freuen. Sie finden hier Spiele für fast alle Unterrichtssituationen, die den Kindern einerseits die Schule als neue Lernumgebung vertraut machen, andererseits aber auch kleine Impulse setzen, die das Lernen fördern.

So finden Sie Spiele für den Morgenkreis, damit die Schüler – je nach Stimmung – erst einmal **zur Ruhe kommen** oder ein bisschen **munterer werden.** Entdecken Sie Spiele, die für himmlische Ruhe sorgen, die allen guttun, **entspannen und die Konzentration fördern.** Damit Ihre **Schüler ein Team werden,** probieren Sie doch einmal die Spiele zur Stärkung und zum Aufbau der Klassengemeinschaft aus. Haben Sie noch etwas Zeit übrig und wollen Ihren Schülern ein besonderes „Extra-Bonbon" bieten? In diesem Buch finden Sie auch **Belohnungsspiele** für zwischendurch. Und natürlich gibt es zum Tagesabschluss gemeinsame **Abschiedsspiele**, sodass sich die Kinder, aber auch Sie selbst, wieder auf den nächsten Tag freuen dürfen.

---

* Aus Gründen der besseren Lesbarkeit haben wir in diesem Buch durchgehend die männliche Form verwendet. Natürlich sind damit auch immer Frauen und Mädchen gemeint, also Lehrerinnen, Schülerinnen etc.

So sind die Spiele aufgebaut

Zu jedem Spiel finden Sie auf den ersten Blick sechs Kategorien, die Ihnen einen schnellen Überblick verschaffen:

Material
Für die meisten Spiele benötigen Sie gar kein oder nur sehr wenig Material. So sind die Spiele auch ganz spontan im Unterricht einsetzbar.

Dauer
Hier ist die ungefähre Spieldauer angegeben. Die meisten Spiele lassen sich prima ohne großen Zeitverlust in den Unterricht einbauen oder für Rituale nutzen.

Tempo
Hier erfahren Sie, ob das Spiel eher langsam, mittel oder schnell gespielt wird. Wählen Sie je nach Bedürfnis der Klasse die Angebote aus.

So geht's
Das ist die ausführliche Beschreibung des Spiels.
Zu einigen Spielen gibt es unterschiedliche Varianten.

Das meint ...
Ein besonderes Extra: Hier erfahren Sie von meinen Schülern persönlich, was ihnen an diesem Spiel besonders gut gefallen hat oder welche Alternativen es aus deren Perspektiven gibt.

Kommentar
Hier erzähle ich ein bisschen aus meiner eigenen Erfahrung mit dem Spiel. Sie erfahren, worauf Sie achten müssen, damit das Spiel optimal gelingt.

Die meisten Spiele sind so konzipiert, dass sie kaum Vorbereitung benötigen. Sie können das Buch also als kleine „Erste-Hilfe-Station" auf Ihren Schreibtisch legen, und sich je nach Bedarf ganz spontan ein Spiel aussuchen. Probieren Sie es einfach aus!

Dr. Jessica Lütge

1

Spiele zum fröhlichen Tagesbeginn

Der **Tagesbeginn** hat gerade in der ersten Klasse eine **besondere Bedeutung.** Wichtig ist, dass die Kinder eine **wiederkehrende Struktur** erkennen, um sich schnell an den rhythmisierten Morgen in der neuen Schulumgebung zu gewöhnen. Das kann man besonders schön durch Spiele erreichen.

Wenn Sie **an jedem Wochentag ein ganz bestimmtes Spiel spielen**, lernen die Kinder fast schon nebenbei die Wochentage kennen. Sie können aber auch ein Spiel als Ritual über einen längeren Zeitraum spielen und erst später wechseln, wenn die Kinder wieder Abwechslung wünschen.

Bewegte Spiele bieten sich als kleine Aufmunterung nach dem morgendlichen Erzählkreis an. Sie wissen selbst am besten, ob Ihre Klasse eher Spiele zum Wachwerden benötigt, die ein etwas höheres Tempo haben, oder eher langsamere Spiele, damit sich die Kinder besser sammeln können.

Zum Wachwerden eignen sich besonders die Spiele *„Hokuspokus"* (S. 10), *„Schulter an Knie"* (S. 13) oder *„Der Tiger wacht auf"* (S. 15).
Falls Ihre Schüler noch mehr Tempo bevorzugen und gleichzeitig die Geschicklichkeit trainieren wollen, probieren Sie doch einmal *„Teller dreh dich"* (S. 11). Für viel gemeinschaftlichen Körperkontakt sorgt *„Magnet in der Klasse"* (S. 14). Dabei hat wirklich jeder eine magnetische Ausstrahlung …

Komm in unsere Ritterburg

Material: –
Dauer: 10 – 15 Minuten
Tempo: mittel

So geht's

Alle Kinder bilden einen Stehkreis. Dieser ist die Ritterburg. Nun verlassen fünf Kinder – entweder Ritter oder Burgfräulein – den Klassenraum und warten vor der Tür. Die verbliebenen Kinder im Stehkreis vereinbaren gemeinsam eine bestimmte Handlung, die die anderen Kinder ausführen müssen, um wieder in die Ritterburg zu gelangen. Das könnte Folgendes sein:

- einem Kind in der Ritterburg über den Rücken streicheln
- ein Kind kurz kitzeln
- laut mit dem Fuß aufstampfen

Nun werden die Ritter und Burgfräulein mit dem Spruch „Schön, dass ihr da seid, kommt in unsere Ritterburg!" hereingerufen und müssen allerlei ausprobieren, um wieder in die Ritterburg gelassen zu werden.
Hat jemand der Ritter zufällig das Geheimnis entdeckt, darf er wieder in die Ritterburg hinein und stellt sich in den Kreis. Die ganze Burg ruft laut „Hurra". Jetzt wird das Geheimnis verraten, sodass alle Kinder wieder in die Burg aufgenommen werden.

Das meint Joshua

Das könnte ich jeden Tag spielen. Am liebsten bin ich selbst ein Ritter und probiere lustige Sachen aus. Besonders gerne kitzele ich die anderen.

Kommentar

Spielen Sie ruhig zwei bis drei Runden. Vereinbaren Sie zu Beginn möglichst leichte geheime Handlungen. Je öfter Sie das Spiel spielen, desto schwieriger dürfen die Geheimnisse sein (z.B. in der Kniekehle kitzeln oder den linken Fuß berühren).

2. Hokuspokus

Material: Musik oder Handtrommel
Dauer: 10 – 15 Minuten
Tempo: schnell

So geht's

Alle Kinder gehen zur Musik oder zum Rhythmus der Handtrommel im Klassenraum spazieren. Wenn die Musik oder der Rhythmus stoppt, versteinern alle an Ort und Stelle. Nun gehen Sie zu einem Kind und begrüßen es auf eine bestimmte Art: Sie können es umarmen, die Hand schütteln, auf die Schulter klopfen etc. Dazu sagen Sie: „Guten Morgen, Hokuspokus."
Dieses Kind ist nun wieder entzaubert und sucht sich schnell ein anderes Kind, das es auf die gleiche Art begrüßt. Auch dieses ist nun entzaubert und sucht sich wieder ein anderes Kind, das genauso begrüßt wird, bis alle Kinder entzaubert sind.
Nun geht die Reise zur Musik von Neuem los bis zum nächsten „Stopp!", bei dem alle wieder versteinern. Das letzte Kind, das entzaubert wurde, darf sich nun selbst eine Begrüßung ausdenken und die Begrüßungsreihe neu starten.

Kommentar

Achten Sie darauf, dass sich nicht immer dieselben Freunde entzaubern. So können Sie auch vorgeben, dass in jeder weiteren Runde jedes Kind immer ein anderes Kind entzaubern muss.

Das meint Sadete

Toll, dass man dabei so viel herumlaufen darf. Und ich kann mir immer andere Kinder aussuchen. Das macht Spaß!

3. Teller, dreh dich

Material: ein stabiler Plastikteller
Dauer: 10–15 Minuten
Tempo: schnell

So geht's

Alle Kinder stehen im Kreis. Ein Kind beginnt, geht in die Mitte und dreht den Teller wie einen Kreisel an. Nun ruft es „Guten Morgen, Tom!" und setzt sich wieder hin. Jetzt muss Tom blitzschnell in die Mitte laufen und den kreisenden Teller anhalten, bevor dieser umfällt. Schafft er es (was meistens der Fall sein dürfte), darf er nun den Teller andrehen und zu einem anderen Kind „Guten Morgen …" sagen. So geht es weiter, bis alle (oder eine von Ihnen festgelegte Anzahl von Kindern) dran waren. Schafft es jemand nicht, den Teller rechtzeitig zu erreichen, so wiederholt der Vorgänger das Drehen noch einmal.

Kommentar

Dies ist ein schönes Spiel zum Wachwerden. Danach ist alle Schläfrigkeit garantiert verflogen. Lassen Sie die Kinder zu Beginn ausprobieren, wie man den Teller am besten dreht. Wenn alle Kinder im Schneidersitz im Kreis sitzen, wird es noch schwieriger.

Das meint Lena

Das ist ein total lustiges Spiel. Man muss richtig gut aufpassen, ob der eigene Name kommt. Manchmal mache ich einen Trick: Dann drehe ich ziemlich langsam. Der Teller eiert dann ganz schön, und das nächste Kind muss sich ganz doll beeilen.

4. Guten-Morgen-Geheimnis

Material: –
Dauer: 5–10 Minuten
Tempo: langsam

So geht's

Alle Kinder sitzen im Kreis oder auf ihrem Platz und haben die Augen geschlossen. Nun tippen Sie leise ein Kind an, das daraufhin „Guten Morgen", „Bonjour" oder „Good morning" sagt. Alle anderen dürfen nun wieder die Augen öffnen und raten, wer denn den netten Guten-Morgen-Gruß wohl gesagt hat. Anschließend darf derjenige, der richtig geraten hat, selbst ein Kind antippen.
Besonders lustig wird es, wenn Sie das Guten-Morgen-Geheimnis in verschiedenen Dialekten probieren wie z.B „Moin, moin", „Servus" oder „Grüezi miteinand".

Kommentar

Wenn sich die Kinder nach ein paar Wochen schon besser kennen, darf auch die Stimme verstellt werden. Vielleicht kann der Angetippte auch ein kleines Guten-Morgen-Lied summen.

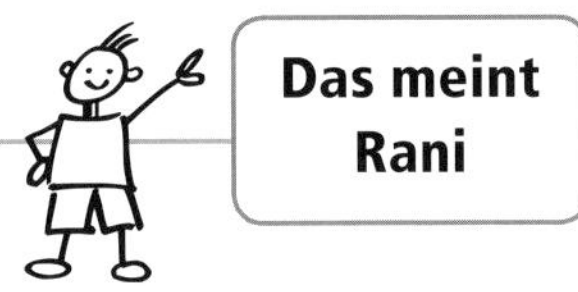

Dabei ist es immer sehr leise in der Klasse. Ich denke mir manchmal sogar ein Lied aus, das ich singe. Wenn ich „Moin, moin" auf „Alle meine Entchen" singe, hört sich das sehr lustig an. Es ist aber auch schön, einfach die Augen zuzumachen und zu hören, was die anderen so sagen. Andy hat mal „Good morning" wie ein Frosch gequakt, und keiner konnte es erraten.

5. Schulter an Knie

Material: Musik
Dauer: 5–10 Minuten
Tempo: mittel

So geht's

Alle Kinder bewegen sich zur Musik durch den Klassenraum. Wenn die Musik stoppt, rufen Sie z.B.: „Begrüßt euch Schulter an Knie!" Nun müssen sich die Kinder, die zufällig nebeneinander stehen, begrüßen – und zwar ein Kind mit dem Knie an die Schulter des anderen Kindes. Wie das am besten klappt, findet jedes Paar selbst heraus. Falls Sie in der Klasse eine ungerade Kinderzahl haben, lassen Sie die Kinder einfach Zweier- und Dreiergruppen bilden.

Möglichkeiten der Begrüßung:
≋ Schulter an Knie
≋ Rücken an Ohr
≋ Fuß an Hand
≋ Fingerspitzen an Fußspitzen
≋ Bein an Arm

Kommentar

Einige Kinder haben wirklich lustige Ideen, wie sie diese Aufgabe bewältigen. Das fördert zum einen die Abstimmung untereinander, zum anderen auch die Kreativität. Mit diesem Spiel bauen Sie außerdem auf humorvolle Weise Kontaktängste ab.

Das meint Anna

Dabei müssen wir viel wackeln und lachen. Bei den anderen sieht das auch sehr lustig aus.

6. Magnet in der Klasse

Material: Musik
Dauer: 5–10 Minuten
Tempo: mittel

So geht's

Alle Kinder bewegen sich zur Musik im Kreis. Wenn die Musik stoppt, sagen Sie z.B.: „Alle Hände werden zum Magneten und begrüßen sich." Nun müssen alle Kinder ihre Hände in die Mitte des Kreises ausstrecken und sich berühren. Dann lässt die Magnetwirkung wieder nach, und die Kinder bewegen sich weiter im Kreis. Wenn die Musik wieder stoppt, entsteht ein neuer Magnet:

- Alle Füße werden im Kreis magnetisch.
- Alle Popos werden im Kreis magnetisch.
- Alle Bäuche werden im Kreis magnetisch.
- Alle Schultern werden im Kreis magnetisch.
- Alle Fingerspitzen werden im Kreis magnetisch.
- Alle Fersen werden im Kreis magnetisch.
- Alle Arme werden im Kreis magnetisch.

Kommentar

Halten Sie die „Magnetzeit" ziemlich kurz, damit es nicht zu Rangeleien kommt.

Am lustigsten ist es, wenn alle Popos magnetisch werden.

7. Der Tiger wacht auf

Material: Augenbinde
Dauer: 10–15 Minuten
Tempo: langsam

So geht's

Alle Kinder sitzen im Kreis – entweder im Schneidersitz oder auf Stühlen. Ein Kind kommt in die Mitte und ist der Tiger. Ihm werden die Augen verbunden. Nun tauschen alle anderen Kinder leise ihre Plätze.
Jetzt schleicht der Tiger mit verbundenen Augen zu einem Kind im Kreis und sagt: „Ausgeschlafen bin ich auch. Wenn du's auch bist, maunz oder fauch!"
Nun darf das angesprochene Kind entscheiden, ob es ein gefährlicher Tiger ist und böse faucht oder ob es ein ganz liebes Kätzchen ist und leise maunzt.
Der Tiger im Kreis muss nun das Kind erraten.
Schafft er es, wird das neue Kind der Tiger im Kreis. Schafft er es nicht, darf der Tiger noch eine Runde weiter suchen. Dann wird gewechselt.

Kommentar

Ein Spiel, das besonders gut bei Jungen ankommt. Hierbei wird besonders gut die akustische Wahrnehmung trainiert.

Ich mag besonders gerne den gefährlichen Tiger spielen. Natürlich fauche ich böse! Aber ich errate die Kinder besser, wenn sie miauen.

Begrüßungs-Versteck

Material: kleiner Gegenstand
Dauer: 5–10 Minuten
Tempo: schnell

So geht's

Alle Kinder stehen im Kreis. Ein Gegenstand (z.B. ein Stift, ein Federmäppchen oder ein Stück Kreide) wird allen Kindern gezeigt. Ein Kind verlässt nun den Klassenraum und wartet vor der Tür. Ein anderes Kind darf jetzt diesen Gegenstand verstecken (nicht zu schwer). Das wartende Kind wird wieder hereingerufen und muss nun möglichst schnell den versteckten Gegenstand finden. In dieser Zeit dürfen die anderen Kinder möglichst viele Klassenkameraden begrüßen. Wenn der Gegenstand gefunden wurde, ruft das Kind laut „Stopp!" Wer die meisten Kinder begrüßt hat, darf nun entscheiden, ob er in der nächsten Runde lieber selbst verstecken oder suchen möchte.

Kommentar

Sie können das Spiel auch variieren, indem Sie bestimmte Vorgaben für den Zeitraum des Suchens machen, z.B.: Alle Kinder begrüßen sich, die etwas Blaues anhaben. Wenn der Gegenstand nach einiger Zeit noch nicht gefunden wurde, dürfen die Kinder natürlich auch helfen und „heiß" oder „kalt", „links", „rechts" oder „geradeaus" rufen.

Das meint Safi

Manchmal schaffe ich es sogar, alle Kinder aus meiner Klasse zu begrüßen, aber dann müssen wir den Gegenstand schon wirklich gut verstecken.

2

Spiele für eine himmlische Ruhe

Insbesondere die **Erstklässer kennen ja noch am besten den quirligen Kindergarten-Alltag.** Sich eine längere Zeit wirklich ruhig zu verhalten, ist schon etwas Besonderes für sie, auch wenn es im Kindergarten geübt wurde.

Wenn Sie die Ruhe-Spiele immer wieder zwischendurch einfügen, werden die Kinder nach und nach auch die **Stille zu schätzen wissen.** Und nicht zuletzt profitieren Sie selbst von einer ruhigen Klasse, denn das **schont ungemein die Nerven.** Sie können die Stille-Spiele so oft in den Unterricht einbauen, wie Sie das Bedürfnis danach haben. Sie werden sehen: Danach fühlen sich alle gleich **viel ausgeglichener.**

Wollen Sie die Sinne anregen, dann verwandeln Sie Ihre Schüler doch einmal zu *„Supernasen"* (S. 19). Zu schnuppern gibt es immer etwas. Können die Kinder so leise wie die *„Schleichkatzen"* schleichen? (S. 22), oder merken sie sogar, wer *„Dahinter"* ist (S. 26)? Besonders aufmerksam muss man auch bei *„Der leise Tennisball"* sein (S. 25). Hier lernen die Kinder, wie sie eigene Geräusche kontrollieren können.

Und wie ist das eigentlich mit der Zeit? Erstklässler haben anfangs noch keine Vorstellung davon, wenn Sie sagen: „Ihr habt noch zehn Minuten Zeit, dann räumen wir auf." Bedeutet zehn Minuten bis zehn zählen? Spielen Sie doch einmal *„Wie lang ist eine Minute?"* (S. 23). Die Kinder werden erstaunt sein, wie unterschiedlich lange sich eine Minute anfühlen kann.
Und auch an der Tafel kann man ganz, ganz leise etwas anschreiben, während alle aufpassen. Wie das geht? Das finden Sie in *„Pssst an der Tafel"* (S. 20).

9. Die Supernasen

Material: etwas Duftendes (Seife, Parfüm, Aromaöl, etc.)
Dauer: 10–15 Minuten
Tempo: langsam

So geht's

Vor Unterrichtsbeginn verstecken Sie bereits eine Duftquelle im Klassenraum. Alternativ können Sie auch in den Stunden vorher gemeinsam mit den Schülern etwas vorbereiten, wie z.B. eine mit Gewürznelken gespickte Apfelsine, die insbesondere zur Weihnachtszeit einen wohltuenden Duft verbreitet.
Diese kann auch längere Zeit im Klassenraum bleiben. Sie können aber auch ganz einfach einen Wattebausch mit etwas Duftöl (Lavendel oder Zitrone) tränken.
Nun verstecken Sie die Duftquelle in Abwesenheit der Kinder im Klassenraum (z.B. in der Pause). Sind die Kinder wieder zurück, gehen sie nun leise zu Entspannungsmusik herum und schnuppern wie ein Spürhund nach der Duftquelle. Wer diese entdeckt hat, verrät sie allerdings nicht, sondern setzt sich wieder leise auf seinen Platz. Wenn alle Kinder wieder sitzen, wird das Geheimnis gelüftet.

Kommentar

Nehmen Sie Düfte, die Sie auch selbst gerne riechen. Besonders angenehm sind auch Orange, Geranie, Patchouli oder Zimt in der Weihnachtszeit. Informieren Sie sich aber, ob evtl. ein Kind allergisch auf bestimmte Duftstoffe reagiert.

Das meint Joshua

Ich mag es gerne, wenn es gut riecht. Aber wir haben noch nie einen stinkenden Käse versteckt. Kann man den auch mal mitbringen?

10. Pssst an der Tafel

Material: Tafel, Kreide
Dauer: 15–20 Minuten
Tempo: langsam

So geht's

Dieses Spiel eignet sich sehr gut, um kleinere eingeführte Einheiten wie Zahlen, Buchstaben oder erstes Rechnen und Schreiben zu wiederholen und zu festigen. Sie stehen an der Tafel und stellen eine Aufgabe, die an der Tafel gelöst werden muss. Suchen Sie nun zwei Kinder aus, die freiwillig nach vorne kommen möchten und die Aufgabe gemeinsam lösen. Falls die Aufgabe falsch gelöst sein sollte, dürfen sie sich ein Helferkind aussuchen. Der Clou ist jedoch: Die ganze Klasse muss die Kinder unterstützen, indem alle mucksmäuschenstill sind. Erst dann gibt es einen Punkt für alle gemeinsam. Sie können nun selbst bestimmen, ob nach gewonnenen zehn, fünfzehn oder zwanzig Punkten Schluss ist. Länger als zwanzig Minuten sollte das Spiel allerdings nicht dauern. Hat es die Klasse geschafft, gibt es fünf Minuten Spielzeit für alle.

Kommentar

Hierbei herrscht wirklich eine himmlische Ruhe. So können Sie auch ganz spielerisch überprüfen, wie der momentane Leistungsstand der Klasse ist.

Das meint Anna

Bis jetzt haben wir es immer geschafft, die Spielzeit zu gewinnen. Wir sind einmal so leise gewesen, dass sogar der Hausmeister nachgesehen hat, ob unsere Klasse überhaupt da ist.

11. Wo ist die Uhr?

Material: Wecker oder tickende Uhr
Dauer: 10 – 15 Minuten
Tempo: langsam

So geht's

Alle Kinder stehen im Kreis. Ein oder zwei Kinder verlassen den Klassenraum. Alle Kinder im Kreis halten die Hände hinter dem Rücken. Nun geben Sie einem Kind einen tickenden Wecker oder eine tickende Uhr in die Hand. Alle Hände werden gut hinter dem Rücken versteckt. Jetzt wird das Kind von draußen wieder hereingeholt und muss anhand des Geräusches das Kind benennen, das den tickenden Wecker in der Hand hält. Die anderen geben den Wecker natürlich unauffällig weiter und wechseln ab und zu die Richtung.
Sie können auch vereinbaren, dass der Wecker immer beim gleichen Kind bleibt. Spielen Sie alternativ „Wo ist die Uhr?" am Platz, und verstecken Sie den Wecker in einem Schulranzen der Kinder. Jetzt muss man wirklich schon sehr genau hinhören.

Kommentar

Das Spiel eignet sich gut, um eine ausgelassene Klasse wieder zur Ruhe zu bringen. Da das Spiel relativ kurz ist, könnte sich evtl. eine Weiterarbeit im Sitzkreis anschließen.

Wenn wir keinen Wecker haben, nehmen wir eine Armbanduhr, die nach ein paar Sekunden kurz piept. Das ist wirklich schwierig, denn die tickt ja nicht.

12. Schleichkatzen

Material: Augenbinde
Dauer: 10 – 15 Minuten
Tempo: langsam

So geht's

Alle Kinder sitzen im Kreis auf dem Boden. Ein Kind ist das Mäuschen und sitzt in der Mitte mit verbundenen Augen. Nun darf sich ein Kind als Katze aus dem Kreis in die Mitte anschleichen. Das Mäuschen muss nun gut lauschen, aus welcher Richtung sich ihm die Schleichkatze nähert, und in diese Richtung zeigen. Stimmt die Richtung, muss die Katze wieder zurück, und ein anderes Kind darf sein Glück probieren. Schafft es allerdings die Schleichkatze, das Mäuschen anzutippen, werden die Rollen getauscht.

Kommentar

Hier kommt es vor allem darauf an, möglichst geräuschlos zu sein. Die Kinder können dies auf verschiedene Weise ausprobieren. Klappt es besser, wenn man auf Zehenspitzen geht, auf dem Boden robbt, auf allen vieren krabbelt oder in ganz vielen Gänsefüßchen geht?
Und wie würden sich Indianer anschleichen?

Das meint Lisa

Wenn ich die Schleichkatze bin, habe ich einen tollen Trick. Ich schleiche um die Maus herum, mache ein Geräusch und schleiche dann schnell auf die andere Seite. Die Maus denkt dann immer, ich komme aus der falschen Richtung.

13. Wie lang ist eine Minute?

Material: eine Uhr mit Sekundenzeiger
Dauer: 2–3 Minuten
Tempo: mittel

So geht's

Falls Sie zwischendurch blitzschnell Ruhe in die Klasse bekommen wollen, spielen Sie dieses Spiel. Die Kinder sollen versuchen, den Zeitraum von einer Minute richtig einzuschätzen.
Zum besseren Zeitverständnis können Sie zunächst eine größere Uhr mit Sekundenzeiger aufstellen, sodass die Kinder selbst eine ruhige Minute erfahren, die sie entspannt mit dem Kopf auf dem Tisch verbringen.
Nun geht das eigentliche Spiel los. Alle Kinder stehen hinter ihrem Stuhl am Platz. Sie sollen jetzt selbst schätzen, wie lange wohl eine Minute dauert. Somit dürfen sie natürlich keinen Blick mehr auf die Uhr werfen. Wer meint, dass Minute schon vorbei ist, setzt sich auf seinen Stuhl. Wer hat die Zeit am besten eingeschätzt?

Kommentar

Ganz nebenbei wird durch dieses Spiel auch die Wahrnehmungsfähigkeit verbessert. Probieren Sie alternativ doch auch einmal andere Zeitabstände aus. Stimmt die gefühlte Zeit mit der tatsächlichen überein? Oder wie lange dauert es wohl, bis fünf Autos die Straße entlanggefahren sind oder Sie eine Zeichnung an die Tafel gemalt haben?

Eine Minute kann total lang sein, jedenfalls wenn man darauf wartet.
Aber wenn ich spiele und meine Mutter sagt, Andi, du darfst nur noch eine Minute spielen, ist das superkurz.

 Sonderbare Geräusche

Material: –
Dauer: 5–10 Minuten
Tempo: mittel

So geht's

Zunächst darf jeder in der Klasse ein besonderes Geräusch ausprobieren, das sich jeder selbst aussucht. Dies kann z.B. das Zerknüllen von Papier sein, mit der Kreide an der Tafel schreiben, einmal auf den Boden stampfen, durch das Schulheft blättern. Wenn jeder sein Geräusch gefunden hat, setzen sich alle ganz leise mit geschlossenen Augen auf ihren Platz. Nun wählen Sie ein Kind aus, das sein Lieblingsgeräusch vormacht. Die anderen müssen raten, welches Geräusch das gewesen ist. Wer es richtig erraten hat, darf ganz leise ein anderes Kind aussuchen, das ein neues Lieblingsgeräusch vormacht. Wer errät die meisten sonderbaren Geräusche?

Kommentar

Normale Alltagsgeräusche hören sich manchmal ganz eigenartig an, wenn sie nicht in ihrem üblichen Kontext zu erkennen sind. Auch in diesem Spiel wird ganz nebenbei die akustische Wahrnehmungsfähigkeit und die Konzentration trainiert.

Die Geräusche zu raten, ist gar nicht so leicht. Ich habe einmal mit dem Vorhang geraschelt, und meine Freundin dachte, ich würde meine Turnhose anziehen.

15. Der leise Tennisball

Material: –
Dauer: 3 – 5 Minuten
Tempo: mittel

So geht's

Alle Kinder sitzen an ihrem Platz mit geschlossenen Augen. Am besten legen sie hierzu den Kopf in die Arme. Ein Kind darf spielen, es sei ein Tennisball: Es springt zunächst ziemlich laut kreuz und quer durch die Klasse, wird dann aber in seinen Sprüngen immer kleiner und immer leiser, bis es sich irgendwo möglichst lautlos auf den Boden setzt. Die anderen müssen nun raten, an welcher Stelle der „Tennisball" in der Klasse liegt:

Kommentar

Achten Sie darauf, dass das Kind wirklich laut anfängt und dann immer leiser und schließlich fast unhörbar wird. Nach einigen Durchgängen können die Kinder meistens schon ganz toll ihre eigene Lautstärke in den Griff bekommen. Ein weiterer Vorteil: Hierdurch werden die Kinder für Lärm und Geräusche sensibilisiert, sodass sie immer deutlicher auch für den Unterrichtsalltag wahrnehmen, was laut oder gerade noch annehmbar ist. Natürlich können sie sich jetzt viel besser leise verhalten.

Manchmal spielen wir auch, dass der Tennisball ganz laut durch die Klasse hüpfen muss, immer leiser wird und zum Schluss hinter ein Kind kullert. Die anderen müssen dann raten, hinter welchem Kind der Tennisball jetzt liegt.

16. Dahinter

Material: –
Dauer: 5–10 Minuten
Tempo: langsam

So geht's

Alle Kinder sitzen mit geschlossenen Augen im Stuhlkreis. Am besten halten sie sich hierfür die Hände vor das Gesicht und beugen sich etwas nach vorne. Ein Kind schleicht nun hinter dem Stuhlkreis herum und bleibt irgendwann hinter einem Kind stehen. Wer spürt, ob jemand hinter einem steht? Hier erhalten fast alle einen Punkt, denn manchmal muss man ja auch spüren, ob gerade niemand hinter einem steht. Kann auch noch jemand raten, welches Kind das wohl ist?

Kommentar

Hier kommt es nicht darauf an, wer hinter einem steht, sondern nur, ob man überhaupt spürt, dass jemand hinter einem steht. Wenn das Kind sehr leise und fast unhörbar schleicht, wird es immer schwieriger. Hierbei lernen die Kinder vor allem, sich auf ihre Intuition zu verlassen. Je öfter man dieses Spiel macht, desto besser werden die Kinder in ihrem Gespür.

Das meint Sören

Wenn Sarah zufällig dran ist, erkenne ich sie manchmal schon an ihren Schritten. Sie macht ganz große und ganz leichte Schritte. Aber manchmal merke ich auch wirklich nicht, wenn jemand hinter mir steht.

3

Spiele für eine starke Klassengemeinschaft

Gerade zu Anfang kennen sich vielleicht jeweils nur ein paar Kinder aus dem Kindergarten oder dem Spielkreis. Eine **eingespielte Klassengemeinschaft benötigt da natürlich Zeit.** Da Sie wahrscheinlich noch nicht sofort mit den Sozialformen der Gruppenarbeit zu lernen anfangen, sondern jedes Kind erst einmal individuell da abholen, wo momentan seine Fähigkeiten liegen, bieten sich **entspannte und lockere Spiele** an, die den Kindern ein **Gemeinschaftserlebnis** vermitteln. Dabei wird noch nicht zu stark auf das Ergebnis geblickt. Hier geht es vielmehr um das gemeinsame Tun.

Sehr kreative Spiele, die auch die Arbeit in Kleingruppen fördert, sind *„Gemeinsame Ecken"* (S. 29) und *„Fingerabdruck"* (S. 34).
Ein eher sinnliches Erlebnis vermittelt die *„Waschstraße"* (S. 30). Durch den Körperkontakt mit einer entsprechenden Aufgabe kommen sich die Kinder ganz zwanglos näher. Die meisten empfinden es als besonders schön, einmal so richtig im Mittelpunkt zu stehen.

Wie wäre es mit einer *„Geheimbotschaft"* (S. 33)? Hier können Sie gleichzeitig Lob verteilen und ganz nebenbei auch noch das Lesen fördern. Wenn Sie gemeinsam mit den Kindern noch mehr Lob verteilen möchten, dann probieren Sie *„Lob auf der Reise"* (S. 35) – eine Reise ganz umsonst mit garantiert guter Laune.

17. Gemeinsame Ecken

Material: DIN-A3-Blätter, Stifte
Dauer: 20 – 30 Minuten
Tempo: langsam

So geht's

Die Kinder bilden Vierergruppen. Es macht aber nichts, wenn eine Gruppe nur aus drei Kindern besteht. Jede Gruppe erhält ein DIN-A3-Blatt. Jedes Gruppenmitglied sucht sich eine Ecke des Blattes aus und beginnt nun nach eigenem Geschmack, etwas dort hineinzumalen. Das kann ein Flugzeug, eine bunte Wiese, Tiere, eine Burg oder irgendetwas sein, was den Kindern gerade einfällt und ihnen Spaß macht. Dafür haben sie ca. 5 – 10 Minuten Zeit. Danach beginnt die eigentliche Aufgabe: Die Kinder müssen nun versuchen, aus ihren einzeln gestalteten Ecken ein gemeinsames Kunstwerk zu schaffen. Vielleicht zeichnen sie verschiedene Wege, sodass man durch alle Ecken spazieren kann. Vielleicht erweitern sie aber auch ihre Zeichnungen oder ergänzen sie, um die Einzelbilder miteinander in Verbindung zu bringen.
Es gibt unglaublich viele Möglichkeiten. Zum Abschluss sollen alle Gruppenbilder vorgestellt werden.

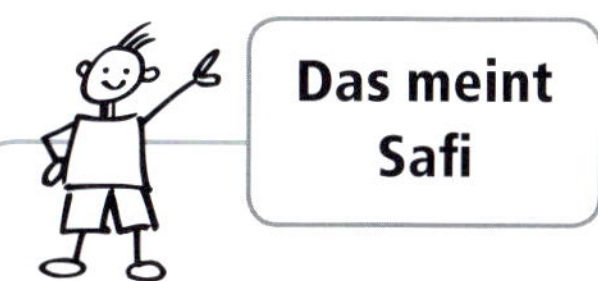

Wir haben in die Mitte einen großen See gemalt. Dann hat Timo aus seiner Piratenecke einen Schatz hineingemalt, und Anna und ich haben viele Vögel gemalt und Tom einen Schwimm-Dino.

Kommentar

Dieses Spiel eignet sich sehr gut sowohl für die Einführung von Gruppenarbeit als auch für die Stärkung des Wir-Gefühls. Es kann auch fachübergreifend in Mathe (einen Plan gestalten) oder Kunst eingesetzt werden.

18. Waschstraße

Material: –
Dauer: 15–20 Minuten
Tempo: mittel

So geht's

Jeweils zwei Kinder knien sich gegenüber, sodass sich ein langer Tunnel bildet. Dieser ist die „Waschstraße". Jetzt wird ein Kind ausgewählt, dass als „Auto" durch die Waschstraße kriechen darf, und mit allem Drum und Dran auf Hochglanz poliert wird. Die Waschstraße beginnt zunächst mit der …

Vorwäsche:
Zwei Kinder krabbeln den Rücken entlang und verteilen so mit ihren Händen den Schaum. Wenn das Auto genug hat, rückt es ein Stückchen weiter zum …

Wann ist wieder Waschstraßen-Tag? Ich bin schon wieder ganz schmutzig!

Abwaschen:
Zwei andere Kinder spülen den Schaum nun ab, indem sie mit ihren Handflächen langsam über den Rücken gleiten. Dann geht es zur nächsten Station, der …

Hauptwäsche:
Die beiden nächsten Kinder massieren den Rücken (Achtung, nicht auf der Wirbelsäule!). Nun erfolgt eine Station weiter wieder das …

Abwaschen:
Die nächsten beiden Kinder streichen mit der Handinnenfläche wieder beruhigend über den Rücken. Zum Schluss erfolgt noch die Politur.

Kommentar

Hierbei verlieren die Kinder schnell ihre Berührungsängste. Durch die gemeinsame Waschstraße kann sich keiner Verstecken oder Zurückziehen.

19. Wer ist unter der Decke?

Material: eine Decke oder ein Laken
Dauer: 10 – 15 Minuten
Tempo: langsam

So geht's

Alle Kinder sitzen im Kreis. Ein Kind verlässt den Klassenraum und wartet vor der Tür. Nun sprechen alle gemeinsam ab, welches Kind unter die Decke in die Kreismitte soll. Das Kind wird schön zugedeckt, dass es nicht mehr erkennbar ist. Für die ersten Wochen, in denen die Kinder sich noch nicht so gut kennen, darf auch ein Bein oder eine Hand aus der Decke hervorragen. Nun tauschen alle Kinder im Kreis ihre Plätze, und das wartende Kind wird wieder hereingerufen. Kann es erkennen, wer unter der Decke ist und im Sitzkreis fehlt? Schwierig ist es natürlich, wenn das Kind unter der Decke ganz mucksmäuschenstill ist. Vielleicht kann es aber auch mal kurz piepen oder ein anderes Geräusch machen. Vielleicht darf man es sogar ganz kurz kitzeln? Aber bitte vorher fragen.

Kommentar

Ein Spiel, das immer wieder für Spaß sorgt. Sie können dem Kind unter der Decke alternativ auch die Aufgabe geben, sich z.B. wie eine Schlange zu bewegen oder wie ein Elefant zu trompeten.

Das meint Saskia

Wenn ich unter der Decke liege, fühle ich mich richtig wohl – wie in einer kleinen Höhle. Manchmal halte ich extra meine Hände über den Kopf, dann sehe ich nämlich größer aus, und die anderen denken vielleicht, dass ich der große Timo bin.

20 Alleskleber

Material: Musik
Dauer: 5–10 Minuten
Tempo: mittel

So geht's

Alle Kinder suchen sich eine Lieblingsstelle im Klassenraum und bewegen sich dort im Rhythmus der Musik. Ein Kind ist der „Alleskleber" und geht ebenfalls herum. Nun berührt der Alleskleber ein Kind an einer beliebigen Stelle, z.B. am Ellenbogen und sagt: „Hallo, schön, dass du da bist, komm mit." Dieses Kind muss mit einer Hand die berührte Körperstelle anfassen und mit der anderen Hand den Alleskleber an die Schulter fassen. Und weiter geht die Reise. Nun berührt der Alleskleber wieder ein Kind, z.B. am Kopf. Auch dieses Kind muss nun mit einer Hand seinen Kopf und mit der anderen seinem Vordermann an die Schulter fassen. So bildet sich langsam eine Schlange, die durch den Raum führt.

Kommentar

Je nachdem, wo berührt wird, trainieren die Kinder ihre Gelenkigkeit. Lassen Sie deshalb die Schlange nur zu einer langsamen Musik weitergehen, damit auch jeder mitkommt.

Das meint Matti

Richtig lustig wird es, wenn man mit der einen Hand an die Kniekehle und mit der anderen Hand an die Schulter vom Vordermann fassen muss. Da muss man sich schon ein bisschen verrenken.

21. Geheimbotschaft

Material: Vorbereitung mit weißem Wachsmaler, Papier
Dauer: 10 – 15 Minuten
Tempo: mittel

So geht's

Für dieses Spiel benötigen Sie etwas Vorbereitungszeit zu Hause. Nehmen Sie für jedes Kind ein Blatt DIN-A4-Papier, auf das Sie mit einem weißen Wachsmaler eine kleine Botschaft schreiben oder ein kleines Bild malen. Hier genügen auch einzelne Wörter wie „Toll", „Super" oder andere positive Begriffe. Sie können alternativ aber auch ein Glückskleeblatt, eine fröhliche Sonne etc. malen. Besonders schön ist es, wenn jedes Kind etwas Individuelles erhält. Da Sie weiße Wachsmaler benutzen, sieht man das Bild nicht auf den ersten Blick. Die Aufgabe der Kinder ist nun, mit Wasserfarbe über das weiße Blatt zu malen. So wird die Geheimbotschaft sichtbar! Für die Kinder ist dies ein sehr positives Erlebnis, solch ein besonderes Geschenk zu erhalten. Falls die Kinder nach ein paar Monaten schon etwas geübter sind, dürfen sie sich auch selbst kleine Botschaften schreiben.

Kommentar

Die Kinder freuen sich unglaublich, wenn sie diese kleinen Geschenke erhalten.

Ich habe eine Blume bekommen.
Die wurde aber erst sichtbar,
als ich drübergemalt hab.
Es ist spannend, während dem
Drübermalen zu raten,
was es werden könnte.

Fingerabdruck

Material: Papier in DIN A2 oder A3, Wasserfarbe, Stifte
Dauer: 25–35 Minuten
Tempo: langsam

So geht's

Variante 1:
Legen Sie ein DIN-A2-Plakat (entweder weiß oder in einer hellen Farbe) auf den Boden. Stellen Sie dazu zwei bis drei Wasserfarbkästen und Wasserbecher auf. Die Kinder setzen sich vorsichtig um das Plakat herum. Jeder macht nun seinen Finger nass, sucht sich eine Wasserfarbe aus und hinterlässt auf dem Plakat seinen persönlichen Fingerabdruck, den man sich aber gut merken muss. Anschließend werden die Becher und Farbkästen weggeräumt, damit nichts kleckert. Dann darf jedes Kind seinen Fingerabdruck mit Buntstiften verzieren (z.B. als Marienkäfer, Blüte, Schiff, Hase) und seinen Namen darunter schreiben. So entsteht ein individuelles Klassenplakat, das einen schönen Platz erhalten sollte.

Variante 2:
Jedes Kind erhält ein DIN-A3-Blatt, auf dem es von jedem Mitschüler die Fingerabdrücke sammelt. Diese werden dann wieder reihum verziert. Dieses Blatt darf jedes Kind mit nach Hause nehmen und hat so eine schöne Erinnerung an die Klasse. Dies kann man auch prima für jedes Kind als Geburtstagsgeschenk vorbereiten.

Das meint Kim

Wir haben ein ganz großes Plakat gemacht. Jeder Abdruck sieht anders aus. Man muss aber eine Lupe nehmen, um die kleinen Rillen zu erkennen. Meinen Abdruck erkenne ich aber ganz leicht.

Kommentar

Hängen Sie das Plakat als schönen Klassenschmuck auf.

23. Lob auf der Reise

Material: –
Dauer: 10 Minuten
Tempo: mittel

So geht's

Alle Kinder stehen oder sitzen im Kreis. Ein Kind beginnt und sagt seinem Nachbarn ein nettes Lob wie „Du hilfst mir immer so toll". Dieses Kind greift das Lob auf und fügt noch ein weiteres für seinen nächsten Nachbarn hinzu: „Ich finde dich nett, und du hast einen schönen Pullover an." Dieses Lob wird nun wieder aufgegriffen und für den nächsten ein neues hinzugefügt, sodass die Lobreihe immer länger wird. Sie endet schließlich beim ersten Kind, welches das Lob auf die Reise geschickt hat. Wenn Sie sehr viele Kinder in der Klasse haben, müssen Sie wahrscheinlich zwischendurch etwas helfen oder die Lobreise in zwei Hälften aufteilen. Das macht genauso viel Spaß.

Kommentar

Das Lob auf der Reise ist ein schönes Ritual, das Sie regelmäßig einsetzen können, wenn die Stimmung gereizt ist. Aber auch vor dem Wochenende oder zu Wochenbeginn eignet sich dieses Spiel sehr gut.

Das meint Saskia

Wir machen die Lobreise jeden Freitag. Da freue ich mich schon immer drauf. Aber eigentlich könnte ich sie auch am Montag machen und am Dienstag und an allen Tagen.

24 Kettenfangen

Material: –
Dauer: 5–10 Minuten
Tempo: schnell

So geht's

Dieses Spiel ist ein schöner Klassiker für den Schulhof oder die Sporthalle. Es bahnt kooperatives Verhalten an und baut Kontakt-Hemmungen ab. Ein Kind ist der Fänger, und alle anderen Kinder sind die Gejagten. Hat der Fänger ein Kind erwischt, nimmt er dieses an die Hand, und die beiden müssen von nun an gemeinsam jagen. Jedes weitere Kind, das gefangen wird, reiht sich in die Kette ein. Die Fänger dürfen sich keinesfalls loslassen. Beenden Sie das Spiel, wenn eine vorher festgelegte Anzahl von Kindern übrig ist.

Variante:
Nur die beiden äußeren Jäger der Kette dürfen andere Kinder einfangen. So haben die Gejagten die Gelegenheit, zwischen den Beinen der mittleren Kinder in der Kette hindurchzuschlüpfen.

Kommentar

Die Fänger müssen hierbei sehr strategisch vorgehen und auf gegenseitige Bewegungsänderungen reagieren.

Das meint Tom

Wenn jeder Fänger in eine andere Richtung läuft, reißt die Kette immer auseinander. Wenn wir uns in der Kette aber gut absprechen, schaffen wir es immer, alle Kinder zu fangen.

25. Knoten lösen

Material: –
Dauer: 5–10 Minuten
Tempo: langsam

So geht's

Die Kinder stellen sich Schulter an Schulter in einen Kreis. Alle strecken die Hände zur Mitte. Jedes Kind greift nun zwei fremde Hände, aber nicht zwei des gleichen Kindes und nicht die des linken und rechten Nachbarn. Sind alle verknotet, geht es nun darum, den Knoten wieder zu lösen, und zwar, ohne dabei eine Hand loszulassen. Die Hände verdrehen und übereinanderklettern ist aber erlaubt.

Kommentar

Normalerweise lassen sich mit ein paar Drehungen und Wendungen die Knoten wieder lösen. Interessant ist, welche Formation die Kinder anschließend haben. Oft entsteht wieder ein Kreis, in dem die Kinder aber in unterschiedliche Richtungen blicken. Manchmal entstehen zwei Kreise. In sehr seltenen Fällen ist es so verzwickt, dass man sich gar nicht lösen kann. In jedem Fall haben die Kinder aber gemeinsam versucht, ein Problem zu lösen.

Das meint Lara

Ich finde es immer total spannend, wie viele Kreise später entstehen, wenn der Knoten weg ist.

4

Spiele für mehr Konzentration

Sie haben es sicher selbst erlebt, dass viele Kinder schon sehr **früh Konzentrationsschwierigkeiten** haben. Da nützt es auch nichts, sie sanft zu ermahnen, doch die Aufgabe fertig zu machen. Doch **Konzentration kann man auch ganz spielerisch üben.** Viele Spiele können Sie sogar sofort **mit Lerninhalten verknüpfen,** was den Spaß noch verdoppelt.

Beim Spiel *„Feuerstein"* (S. 41) lernen die Kinder ganz nebenbei bis 20 zu zählen und sind hier mit Feuereifer bei der Sache.
Für ein erstes Mengenverständnis eignet sich auch gut *„Schüttelpaare"* (S. 42). Hier werden Zahlenmengen und Konzentration akustisch miteinander verknüpft.
Zu lustigen Verwechslungen kommt es häufig bei *„Klopfzeichen"* (S. 45). Dabei ist ganzer Körpereinsatz gefordert.
Die Aufmerksamkeit trainieren Sie mit dem Spiel *„Etwas Weiches"* (S. 44), denn hier kommt es auf genaues Beobachten an. Ganz ruhig in der Klasse wird es bei *„Vogel im Nest"* (S. 43). Dabei haben Sie viele Varianten zur Verfügung, die Sie immer wieder einsetzen können.
Und wie wäre es mit Konzentrationsübungen in Gruppen? Kein Problem mit dem *„Aufgeteilten Blatt"* (S. 46). Und auch die gesamte Klasse passt besonders bei der *„Bunten Geschichte"* (S. 47) oder dem *„Märchen mit der Zahl"* (S. 48) auf.

Sie sehen: Konzentration kann man auf viele Arten spielerisch üben. Je häufiger die Kinder kleinere Spiele ausprobieren, desto besser und länger werden die Konzentrationsphasen dauern. Fangen Sie ganz entspannt und langsam an und steigern allmählich die Dauer.

26. Feuerstein

Material: 20 Spielsteine
Dauer: 15 – 20 Minuten
Tempo: mittel

So geht's

Als Vorrat für dieses Spiel benötigen Sie etwa 20 Spielsteine. Diese können Sie übrigens in größeren Mengen sehr günstig kaufen. Sie eignen sich prima für den Matheunterricht zum Rechnen. Die Kinder sitzen im Kreis. Ein Kind verlässt den Klassenraum. Legen Sie nun 20 Steine in die Mitte. Die Kinder bestimmen gemeinsam den Feuerstein, bei dem man sich die Finger verbrennen kann! Aber pssst! Dieser Stein ist natürlich geheim. Nun wird das Kind wieder hereingerufen und darf sich immer einen Stein nach dem anderen nehmen, bis es zufällig den Feuerstein berührt. Dann rufen alle „Heiß!" oder machen ein zischendes Geräusch. Nun werden gemeinsam die erbeuteten Steine gezählt und aufgeschrieben. Danach ist ein anderes Kind an der Reihe und verlässt den Klassenraum, während alle 20 Steine wieder in die Mitte gelegt werden. Der nächste Feuerstein wird ausgesucht. Spielen Sie das Spiel etwa drei Runden lang. Dann hören Sie auf, da dann die Konzentration etwas nachlässt. Da ja alle Punkte aufgeschrieben wurden, kann an den nächsten Tagen weitergespielt werden.

Kommentar

Dieses Spiel eignet sich prima für die Zahlraumerweiterung im Zwanzigerbereich.

Das meint Lisa

Am liebsten spielen wir das mit Bonbons. Lecker!

27. Schüttelpaare

Material: leere Streichholzschachteln, kleine Erbsen oder Kerne
Dauer: 10–15 Minuten
Tempo: mittel

So geht's

Als Vorbereitung füllen Sie die leeren Streichholzschachteln immer paarweise mit derselben Anzahl von Erbsen oder Kernen. Beispiel: Zwei Schachteln haben jeweils einen Kern, zwei weitere jeweils zwei Kerne, zwei weitere jeweils drei Kerne usw. (bis maximal zehn Kerne).
Nun werden die Schachteln gemischt. Die Kinder spielen in Kleingruppen. Ihre Aufgabe ist, die jeweils zusammengehörigen Paare zu erschütteln.
Als Variante können die Kinder aber auch schätzen, wie viele Kerne sich in einer Schachtel befinden. Wer errät die meisten?

Kommentar

Durch dieses Spiel erweitern die Kinder vor allem ihr Zahlen- und Mengenverständnis. Bei großen Mengenunterschieden lässt sich die richtige Zahl nämlich noch viel leichter heraushören. Sie können das Spiel auch prima als Zusatzaufgabe für besonders schnelle Kinder einsetzen. Besonders hübsch sieht es auch aus, wenn die Kinder die Streichholzschachteln noch schön bekleben.
Das Spiel wird schnell zum Dauerrenner.

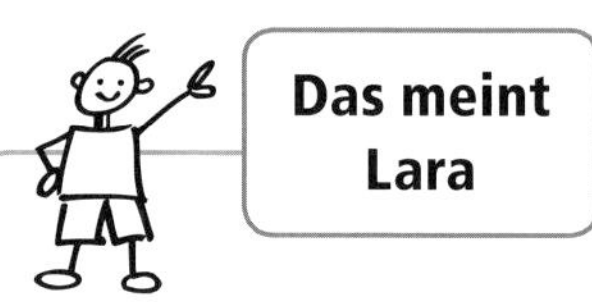

Wenn nur eine Erbse mehr in der Schachtel ist, kann man das fast gar nicht raushören. Aber die Anna schafft das irgendwie immer.

28. Vogel im Nest

Material: eine Vogel-Vorlage für jedes Kind
Dauer: 15–20 Minuten
Tempo: langsam

So geht's

Zur Vorbereitung zeichnen Sie ein großes Vogelnest mit einem Küken darin. Das Nest unterteilen Sie mit Linien in verschiedene Zonen, denn es ist ein ganz besonderes Nest. In jede Zone sollen die Kinder nun ein anderes Muster malen. Am besten geben Sie einige Beispiele an der Tafel vor. Alternativ können Sie auch ein Osterei bemalen lassen oder die Prinzessin auf der Erbse, die auf ganz vielen Matratzen sitzt, wobei jede Matratze ein anderes Muster erhält. Die Kinder können die Muster anschließend farbig ausmalen. So entstehen richtig schöne Bilder.

Kommentar

Auch dieses Spiel eignet sich gut als Aufgabe für die besonders Schnellen. Achten Sie darauf, dass das Bild nicht sofort fertig gemalt werden muss. Für manche Kinder sind schon zwei oder drei Reihen ausreichend. Die anderen dürfen sie dann am nächsten Tag weitermalen.

Ich male gerne Prinzessinnen-Muster. Wie die gehen? Ganz viele Kronen und Herzen natürlich. Timo will immer einen Frosch dazu. Male ich aber nicht.

29. Etwas Weiches

Material: Papier, Stift
Dauer: 15–20 Minuten
Tempo: langsam

So geht's

Alle sitzen auf ihrem Platz und haben Papier und Stifte vor sich liegen. Nun sagen Sie: „Seht euch in der Klasse um, und malt etwas Weiches!" Was könnte das sein? Vielleicht der Vorhang oder ein besonders weicher Radiergummi? Wenn alle fertig sind, sagen Sie: „Seht euch wieder in der Klasse um, und malt etwas Großes!" Das könnte ein Tisch, aber vielleicht auch die Tafel oder ein Stuhl sein. Verändern Sie Ihre Aufforderung so oft, wie es die Konzentration der Kinder erlaubt (es genügen meistens 4–6 Aufforderungen).

Sagen Sie doch einmal: „Malt etwas …
… Winziges."
… Blaues."
… Leises."
… Lautes."
… das man gar nicht braucht."
… das ganz wichtig ist."

Alle kommen hinterher im Sitzkreis zusammen und stellen ihre Ergebnisse vor. Warum wurden so viele verschiedene Dinge von den Kindern ausgesucht? Hierzu kann man interessante Gespräche führen.

Das meint Dani

Richtig winzig ist die Mine, die von meinem Stift abgebrochen ist. Das errät garantiert niemand!

30. Klopfzeichen

Material: –
Dauer: 10 Minuten
Tempo: mittel

So geht's

Alle Kinder sitzen am Platz. Erklären Sie nun die Bedeutung von besonderen Klopf- oder Klatschzeichen:

- 1 x klatschen: Alle stehen auf.
- 2 x klatschen: Alle hüpfen auf einem Bein.
- 3 x klatschen: Alle setzen sich hin.
- 4 x klatschen: Alle setzen sich in die Hocke.

Wer kann sich so gut konzentrieren und die richtigen Bewegungen machen? Alternativ können Sie auch, statt zu klatschen, z.B. sich an die Nase fassen, und alle stehen auf, sich am Kopf kratzen, und alle hüpfen auf einem Bein usw.

Kommentar

Je verrückter die Übungen sind, desto mehr Spaß macht es. So könnte das Klopfen auch bedeuten: Fauche wie ein Tiger, piepse wie eine Maus oder tanze wie ein Elefant.

Das meint Sina

Puh, da kommt man wirklich schnell durcheinander. Manchmal hüpfen Kinder, und manche kratzen sich am Kopf. Aber bis vier zählen können sie schon.

31. Aufgeteiltes Blatt

Material: Papier, Stifte, Würfel im halben Klassensatz
Dauer: 15 – 20 Minuten
Tempo: langsam

So geht's

Als Vorbereitung unterteilen Sie ein DIN-A4-Blatt durch gerade Linien in verschiedene Segmente. Es sollten etwa 15 – 20 unterschiedliche große Segmente sein. Nun kopieren Sie das Blatt mindestens im halben Klassensatz. Teilen Sie die Kinder in Paare oder Kleingruppen ein. Jedes Paar oder jede Gruppe erhält ein kopiertes Blatt. Alle starten gleichzeitig. Alle Gruppen würfeln und malen die gewürfelte Anzahl an Blumen, Fischen oder bunten Kreisen in ein Feld. Dann wird der Würfel weitergegeben, und der nächste ist dran. So geht es immer weiter, bis schließlich alle Felder ausgefüllt sind. Anschließend wird alles gemeinsam gezählt. Welches Paar oder welche Gruppe hat die meisten Objekte in ihrem Bild?

Kommentar

Hier lernen die Kinder ganz nebenbei die Augenzahlen des Würfels kennen und verknüpfen das Zahlbild mit entsprechenden Mengen.

Das meint Timo

In unserer Gruppe haben wir viele 6er gewürfelt. Da hatten wir viel zu tun. Insgesamt haben wir 54 Fische gemalt – wie in einem Aquarium!

32. Bunte Geschichte

Material: farbige Steine (mind. vier Farben), jeweils in Schüleranzahl
Dauer: 10 Minuten
Tempo: mittel

So geht's

Wenn Sie z.B. 20 Schüler haben, dann legen Sie 20 rote, 20 blaue und 20 grüne Steine durcheinander in die Mitte. Die Kinder bilden darum einen Sitzkreis auf dem Boden. Jetzt erzählen Sie eine Geschichte, in der diese Farben vorkommen. Wenn die Kinder eine entsprechende Farbe hören, müssen sie sich blitzschnell einen richtigen Stein nehmen. Dieses Spiel ist nicht so sehr auf den Wettbewerbscharakter, sondern vielmehr auf Konzentration ausgerichtet, sodass auch jedes Kind wirklich einen Stein erhält.
Sie können das Konzentrationsvermögen der Kinder noch erhöhen, indem Sie die Geschichte etwas schwieriger und witziger gestalten:

„Es war einmal eine Tomate, die mochte gerne ro… (jetzt werden schon einige nach einem roten Stein greifen), *… rosafarbene Blumen"* (also alle Steine wieder zurück, denn rot kommt gar nicht vor). *„Die Tomate schwamm auch gerne im See, besonders wenn er so schön in der Farbe …* (jetzt werden einige nach einem blauen Stein greifen) *… Silber schimmerte, wenn sich der Mond darin spiegelte."* Ab und zu erwähnen Sie dann natürlich die passende Farbe.

Kommentar

Lassen Sie die Schüler auch selbst eine Geschichte erfinden.

Da muss man ganz, ganz gut zuhören, sonst hat man schnell eine falsche Farbe erwischt.

33. Das Märchen mit der Zahl

Material: –
Dauer: 10 Minuten
Tempo: schnell

So geht's

Hierbei lernen die Kinder auf spielerische Weise das Zählen in einem von Ihnen begrenzten Zahlenraum. Alle sitzen im Stuhlkreis.
Für die einfache Variante zählen Sie nun einmal durch. Jedes Kind muss sich seine Zahl gut merken. Für schwierigere Varianten können Sie den Zahlenraum auch erweitern oder verschieden hohe Zahlen aussuchen. Wenn sich jeder die eigene Zahl gemerkt hat, beginnen Sie eine Geschichte, in der möglichst viele Zahlen vorkommen. Bei jeder Zahl muss das Kind, das sich diese Zahl gemerkt hat, nun hochspringen. Einschlafen unmöglich.

Hier ein Beispiel für eine Geschichte:
Es war einmal **ein** Prinz. Der hatte **sieben** Schwestern. Doch die Schwestern waren von **zwei** Drachen verzaubert, und lebten hinter **zehn** Bergen. Nun ritt der Prinz los, denn er wollte seine **sieben** Schwestern erlösen.
Er musste über **drei** Flüsse reiten und **acht** Wälder sowie **vier** Täler durchqueren, bis er zu den **zehn** Bergen kam. Da stand **ein** Schloss. Das hatte **fünf** Türen. Doch welche sollte er nehmen? Er sah **zwölf** Bienen, die umherflogen. Sie setzten sich vor die Tür Nummer **zwei**. Diese öffnete der Prinz. Da sah er **neun** Schwäne, die auf **einem** See schwammen. Um sie herum waren **sechs** Seerosen. Sie schwammen an Land und zeigten dem Prinz den Eingang in das Schloss usw.
Schließlich erlöste der Prinz natürlich die Schwestern, und alle lebten glücklich …

Das meint Joshua

Ich mag Märchen sehr gerne. Hier kann ich auch richtig mitmachen. Jeder muss aber gut aufpassen, ob seine Zahl genannt wird.

34 Nim-Spiel

Material: 12 kleine Steinchen oder andere Objekte
Dauer: 5 Minuten
Tempo: langsam

So geht's

Nim-Spiele sind uralte Taktik-Spiele aus Asien. Es gibt unzählige Varianten und Regeln. Hier ist eine einfache Nim-Variante, die Sie problemlos im 1. Schuljahr für mehr Konzentration einsetzen können:

Immer 2 Kinder spielen gegeneinander. Es werden 12 Steinchen oder andere kleine Objekte in die Mitte gelegt. Immer abwechselnd nehmen die Kinder 1, 2 oder 3 Steinchen an sich. Wer das letzte Steinchen wegnimmt, hat gewonnen. Es ist nicht erlaubt, auszusetzen oder mehr als 3 Steinchen wegzunehmen.

Kommentar

Mit pfiffigen Kindern können Sie sogar schon den mathematischen Trick bei diesem Spiel thematisieren. Wie viele Steine müssen nach dem eigenen Zug übrig bleiben, um auf jeden Fall zu gewinnen? Warum ist es dann ein Nachteil, das Spiel zu beginnen?

Das meint Sina

Ich hab einen Trick herausgefunden, wie ich immer gewinne. Aber den verrate ich nicht. Aber es ist gut, wenn man erst als Zweites dran ist.

35. Präzisionstransport

Material: ein Stift pro Schülerpaar
Dauer: 3–5 Minuten
Tempo: mittel

So geht's

Jeweils zwei Kinder finden sich zu Paaren zusammen. Jedes Paar bekommt einen Stift oder einen anderen länglichen, leichten Gegenstand.
Aber geschrieben wird nicht damit …
Die Kinder haben die Aufgabe, den Stift gemeinsam durch die Klasse zu transportieren. Aber jeder der beiden Partner darf den Stift nur mit der Kuppe eines Zeigefingers berühren.

Wie stellt man das am besten an?
Die Partner drücken von je einer Seite des Stiftes mit dem Zeigefinger dagegen, dass der Stift zwischen beiden Fingern blockiert ist. Dann bewegen sich beide Partner vorsichtig von der Stelle. Dabei müssen sie den Druck aber stetig aufrechterhalten. Wer schafft die weiteste Strecke?

Kommentar

Hier müssen die Kinder sehr empathisch vorgehen. Jede Druckerhöhung oder -reduzierung muss durch eine Gegenbewegung ausgeglichen werden, damit der Stift nicht runterfällt.

Ich muss immer genau fühlen, wie sich mein Partner bewegt und dann schnell reagieren. Das ist nicht so leicht, macht aber viel Spaß.

5

Spiele für den Sitzkreis

Spiele im Stuhlkreis sind immer sehr beliebt. Zum einen **verändert sich die Sozialform,** und zum anderen stärkt die Erfahrung im Stuhlkreis das **gemeinsame Erleben.** Im Stuhlkreis zu sitzen, schafft natürlich eine **andere Atmosphäre** als am Tisch, und Sie selbst haben alle Kinder gut im Blick. Insofern bieten sich auch Spiele an, die einen Lerncharakter besitzen, anderseits aber auch die Gemeinsamkeit betonen.

Beim *„Kissen jagen"* (S. 55) oder *„Streichholz verstecken"* (S. 57) müssen die Kinder ganz genau aufpassen und ihre Mitschüler gut beobachten.
Richtiges Rätselraten entsteht beim Spiel *„Detektive"* (S. 56). Was könnte es bloß sein, was der eine hat, der andere aber nicht? Die Auflösung sorgt hier für den Aha-Effekt.
Kinder, die auch im Stuhlkreis ab und zu Bewegung brauchen, kommen beim *„Flohhüpfen"* (S. 59) auf ihre Kosten.
Und was passiert immer am *„Gegenteiltag"* (S. 53)? Hierbei können es die Kinder mit dem ganzen Körper ganz einfach herausfinden!

36 Gegenteiltag

Material: –
Dauer: 10 Minuten
Tempo: mittel

So geht's

Alle Kinder sitzen im Kreis und machen nach, was Sie vormachen. Einfach? Weit gefehlt, denn heute ist Gegenteiltag! Sagen Sie z.B. „Klatscht langsam in die Hände", klatschen natürlich alle rasend schnell. Sagen Sie: „Bleibt alle sitzen", stehen natürlich alle auf. Hier sind ein paar Beispiele:

- **Springt hoch** in die Luft – alle gehen in die Hocke
- Macht euch ganz **klein** – alle laufen mit erhobenen Armen wie die Riesen
- Hüpft auf dem **rechten** Bein – alle hüpfen natürlich links
- **Schreit** euch **laut** etwas ins Ohr – leise ins Ohr flüstern
- Kratzt euch am **Kopf** – alle kratzen sich natürlich am Fuß

Kommentar

Achten Sie bei den Formulierungen darauf, dass Sie den Aspekt, den die Kinder ins Gegenteil verwandeln sollen, besonders betonen (siehe fett gedruckte Begriffe).

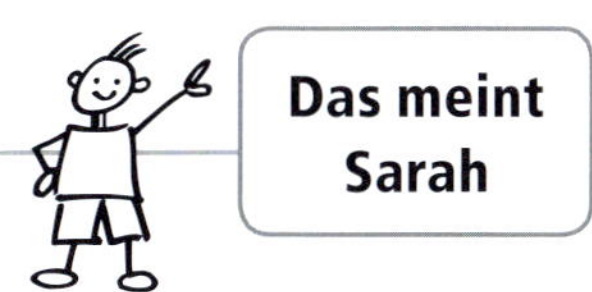

Manchmal spielen wir auch Fünf-Minuten-rückwärts-Pause. Dann müssen wir die ganze Zeit alles rückwärts machen: gehen, spielen und sogar rückwärts schreiben!

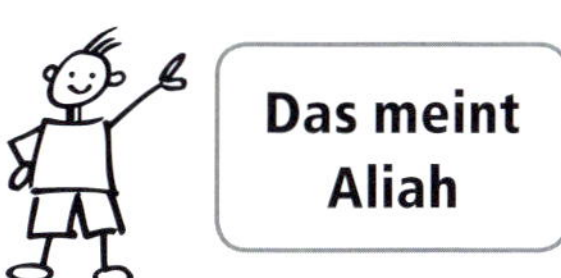

Ich hab mal zu meiner Lehrerin gesagt: „Ich mag dich überhaupt nicht!" Da war sie ganz geschockt. Sie hatte aber nur vergessen, dass ja Gegenteiltag war!

37. Otto in der Klasse

Material: kleines Stofftier
Dauer: 10–15 Minuten
Tempo: mittel

So geht's

Bringen Sie ein kleines Stofftier mit in die Schule, das Sie „Otto" nennen. Bevor die Kinder in den Klassenraum kommen, verstecken Sie Otto. Nun setzen sich die Kinder in den Kreis und patschen im Rhythmus auf ihre Oberschenkel:

Sie: Wer hat den Otto in der Klasse heut geseh'n?
Tim hat den Otto in der Klasse heut geseh'n.
Tim: Wer, ich?
Alle: Ja, du!
Tim: Nein, nein, nein!
Alle: Wer kann's sein?
Tim: Sofie.
Alle: Sofie hat den Otto in der Klasse heut geseh'n.
Sofie: Wer, ich?
Alle: Ja, du!
Sofie: Nein, nein, nein!
Alle: Wer kann's sein?
Sofie: Anne.
Alle: Anne hat den Otto in der Klasse heut geseh'n.
Anne: Wer ich?
Alle: Ja, du!
usw. …

Das meint Joshua

Hier muss ich total aufpassen, wer schon dran war und wer nicht. Es darf niemand zweimal genannt werden.

Das Spiel geht immer weiter, bis alle Kinder einmal dran waren. Das letzte Kind ruft dann nicht mehr: „Nein, nein, nein!", sondern: „Ja, fein!" Es darf aufstehen und Otto in der Klasse suchen. Hat es ihn gefunden, so darf der Otto die erste Stunde feierlich auf dem Platz des Finders sitzen.

38 Kissen jagen

Material: zwei Kissen (evtl. auch vorhandene Stuhlkissen)
Dauer: 10 Minuten
Tempo: schnell

So geht's

Die Schüler sitzen im Stuhlkreis. Zwei sich gegenüber sitzende Kinder erhalten jeweils ein Kissen. Dieses müssen sie nun schnell an den rechten Nachbarn weitergeben, sodass beide Kissen im Kreis herumwandern. Das muss alles natürlich blitzschnell geschehen, denn es heißt ja: Kissen jagen! Bei wem sich beide Kissen treffen, hat leider verloren, darf aber in der nächsten Runde einer der beiden Starter sein.

Kommentar

Dieses Spiel ist sehr temporeich und sorgt für viel Stimmung. Es weckt auch den müdesten Schüler auf. Es wird gerne in höchstem Tempo gespielt. Achten Sie aber darauf, dass es nicht zu hektisch wird. Alternativ können Sie die Kissen auch in entgegengesetzte Richtungen auf die Reise schicken. Dann ist natürlich bereits nach etwa einer halben Runde Schluss, aber Sie können ganz viele Durchgänge spielen. Statt der Kissen probieren Sie auch andere Materialien aus, z.B. einen Stift auf dem Finger balancieren und weiterreichen oder zwei Tischtennisbälle auf dem Löffel weitergeben. Bei wem treffen sich dann die Gegenstände?

Das ist total aufregend und superspannend. Wenn ich gemein bin, mache ich das Kissen absichtlich langsam, um den Matti neben mir rauszukicken.

39. Detektive

Material: –
Dauer: 5–10 Minuten
Tempo: mittel

So geht's

Alle sitzen im Stuhlkreis. Ein Kind ist der „Merkmalsucher". Er sieht sich gründlich alle Kinder an und geht nun langsam im Stuhlkreis umher. Dabei zeigt er auf jedes Kind, sagt dazu entweder: „Bei dir ist es" oder: „Bei dir ist es nicht."
Was könnte das sein? Ganz einfach: Das Kind überlegt sich vorher ein bestimmtes Merkmal, z.B. ein blaues Kleidungsstück. Das sieht man leicht. Nun geht das Kind herum und weist jedem Kind die Kategorie „Merkmal vorhanden" oder „Merkmal nicht vorhanden" zu. Wer kommt darauf?
Hier bieten sich viele Möglichkeiten an, wie die Haarfarbe, ein Zopfgummi, eine Brille etc.
Schwieriger wird es bei Schuhen mit Klettverschluss oder Schnürsenkeln. Sie können dem Kind natürlich auch die Kategorie zuflüstern.
Wenn das Spiel besser bekannt ist, schaffen es die Kinder auch sehr gut allein.

Kommentar

Hier ist genaues Beobachten gefragt. Machen Sie es am Anfang den Kindern selbst mit einem einfachen Beispiel vor. Es ist überraschend, auf welche Ideen die Kinder bei diesem Spiel kommen.

Das meint Sarah

Das ist manchmal ziemlich knifflig. Alle haben es, aber ich nicht? Ach klar, ein T-Shirt. Ich habe ja heute ausnahmsweise mal ein Kleid an.

40 Streichholz verstecken

Material: einige Streichhölzer oder Korken
Dauer: 10 – 15 Minuten
Tempo: mittel

So geht's

Alle sitzen im Stuhlkreis. Zwei Kinder warten vor der Tür. Ein Kind steht in der Mitte des Kreises. Nun haben die übrigen Kinder die Aufgabe, jeweils einen Korken (das ist einfacher) oder Streichhölzer (etwas schwieriger) an dem Kind in der Mitte zu verstecken. So kann man etwas unter die Achsel stecken, unter den Schuh, hinter das Ohr usw.
Lassen Sie für den Anfang am besten nur maximal fünf Kinder etwas verstecken. Anschließend werden die Kinder vor der Tür wieder hereingerufen. Wer findet nun die meisten Streichhölzer oder Korken?

Kommentar

Lassen Sie zunächst eher zurückhaltende Kinder die Streichholzsucher sein, denn das Kind, bei dem die Streichhölzer versteckt sind, wird manchmal ganz schön gekitzelt. Sagen Sie den Kindern immer vorher, wie viele Streichhölzer oder Korken versteckt werden. Dann können sie an der Tafel eine Strichliste machen, welche Anzahl schon gefunden wurde.

Das ist ein ganz schön kitzeliges Spiel.

41. Kleine, kuschelige Katze

Material: –
Dauer: 15 – 20 Minuten
Tempo: mittel

So geht's

Das Spiel ähnelt dem bekannten „Armer, schwarzer Kater". Aber hier lernen die Kinder besonders gut die neu eingeführten Laute kennen. Alle Kinder sitzen im Stuhlkreis. Ein Kind befindet sich in der Mitte und ist die kleine kuschelige Katze (wenn Sie gerade den Buchstaben K durchnehmen).
Nun schleicht die kleine Katze auf allen vieren von Kind zu Kind und maunzt, mal ganz einschmeichelnd, mal ganz wild und witzig.
Das Kind auf dem Stuhl muss nun der kleinen Katze über den Kopf streicheln und „Kleine kuschelige Katze" sagen.
Aber aufgepasst: Dabei darf man nicht lachen – auch wenn einen die Katze noch so entzückend ansieht. Lacht das Kind auf dem Stuhl, werden die Rollen getauscht, und es befindet sich eine neue kuschelige Katze in der Kreismitte. Lacht das Kind auf dem Stuhl aber nicht, muss die kleine Katze zu einem anderen Kind gehen und dort miauen.

Kommentar

Sie können natürlich auch andere Buchstaben benutzen, die sich durch den kleinen Vers bei den Kindern gut einprägen wie: toller, tapferer Tiger, besonders braver Bär, lachender, lustiger Luchs oder echter englischer Esel. Erfinden Sie doch gemeinsam mit den Kindern einige neue Tierarten.

Das meint Anna

Die kleine Katze sieht so süß aus, da muss ich immer lachen.

42 Flohhüpfen

Material: –
Dauer: 5 – 10 Minuten
Tempo: mittel

So geht's

Alle sitzen im Stuhlkreis. Ein Kind steht in der Mitte als lustiger Floh. Nun rollen die anderen Kinder den Softball kreuz und quer, hin und her, während der Floh ganz schön hüpfen muss, um nicht vom Softball berührt zu werden. Wird er es doch, ist das Kind neuer Floh, das den Ball zuletzt berührt hat. Achten Sie darauf, dass die Kinder den Ball wirklich nur rollen und nicht mit den Füßen schießen oder werfen, da dies unfair gegenüber dem „Floh" ist.

Kommentar

Nehmen Sie unbedingt einen Softball, da er nicht so schnell wird wie ein Gummiball. Alternativ können sich die Kinder auch im Schneidersitz auf den Boden setzen und den Ball mit der Hand rollen.

Machen Sie Einschränkungen im Spiel. „Ihr dürft den Ball nur …
… mit der linken Hand rollen."
… mit dem Daumen anstoßen."
… mit dem Ellenbogen berühren."
… mit der Fußspitze schießen."

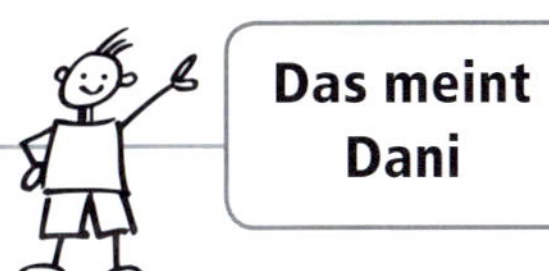

Ich bin am liebsten der Floh. Ich kann so gut ausweichen, dass es oft ein paar Minuten dauert, bis ich getroffen werde. Wenn ich lange ruhig am Platz gearbeitet habe, freue ich mich total auf dieses Spiel.

6 Spiele zur wohltuenden Entspannung

Stress und Leistungsdruck nehmen in den letzten Jahren auch in der Grundschule rasant zu. Umso schöner ist es, wenn die Kinder während des Unterrichts einmal **für einige Zeit abschalten** dürfen, um wieder **neue Kraft zu tanken.**

Entspannung ist für viele Kinder besonders wichtig, damit sie wieder einmal **ihren Körper spüren,** eigene und auch fremde Gefühle wahrnehmen. Denn Entspannung bedeutet nicht, nichts zu tun, sondern vielmehr ein **bewusstes Wahrnehmen.** Es kann schon entspannend sein, aus dem Fenster zu sehen und die Wolken zu beobachten. Manchmal ist es entspannend, von anderen vorsichtig berührt zu werden und zu spüren, wie achtsam mit einem umgegangen wird. Entspannen kann man sich alleine, zu zweit und auch in der Gruppe.

Beim Spiel *„Teddybär"* (S. 63) achten die Kinder in Kleingruppen darauf, miteinander einfühlsam umzugehen. In der *„Kuschelreihe"* (S. 66) darf man so richtig genießen und sich von Berührungen überraschen lassen.
Bei der *„Schlaffen Socke"* (S. 65) darf jeder selbst ausprobieren, wie gut es tut, einmal richtig loszulassen.
Sind die Kinder auch mal stinksauer? Auch kein Problem, hier dürfen sie offiziell so richtig *„Dampf ablassen"* (S. 64). Auch am Platz kann man sich gut entspannen bei *„Hörst du die Form?"* (S. 69). Hierbei wird zusätzlich die Kreativität angeregt, indem die Kinder etwas malen, was es noch gar nicht gibt. Sicherlich ist auch solch eine Vorstellungsrunde sehr entspannend.

43 Teddybär

Material: mehrere Decken
Dauer: 10 – 15 Minuten
Tempo: langsam

So geht's

Die Kinder bilden Paare oder Dreiergruppen.
Jeweils ein Kind legt sich auf eine Decke und ist der Teddybär.
Die Partner dürfen den Teddybär nun ganz vorsichtig bewegen:

- einen Arm ganz sachte anheben und langsam wieder hinlegen
- den anderen Arm ebenso vorsichtig anheben und ablegen
- ein Bein langsam heben und senken
- das andere Bein ebenso
- den Kopf ganz vorsichtig ein kleines Stück heben und wieder hinlegen

Wenn es dem Teddy gefällt, brummt er genüsslich. Wenn es ihm nicht mehr gefällt, sagt er „Stopp".
Dann wird gewechselt.

Kommentar

Achten Sie darauf, dass die Kinder wirklich ganz vorsichtig miteinander umgehen. Erklären Sie vorher noch einmal für alle die Regeln:
Wenn sich ein Kind nicht wohl fühlt, sofort aufhören. Die Kinder sollen auch versuchen, auf die nonverbalen Signale der anderen zu achten.

Das meint Joshua

Ich hätte gar nicht gedacht, dass ein Arm so schwer ist, wenn man ihn trägt. Und erst der Kopf!

44 Dampf ablassen

Material: –
Dauer: 10 Minuten
Tempo: schnell

So geht's

Haben Sie Schüler, die immer mal wieder aneinandergeraten oder zwischendurch so richtig Dampf ablassen müssen? Dann eignet sich dieses Spiel besonders gut, damit hinterher wieder alle entspannt sind. Erklären Sie den Kindern, dass sie nun einmal so richtig rumschreien dürfen. Da werden Sie wohl ein paar erstaunte Gesichter sehen. Es gibt aber eine klitzekleine Besonderheit: Das Schreien muss ohne Ton erfolgen, also pantomimisch. Ansonsten darf alles natürlich sehr echt aussehen. Meistens müssen schon nach kurzer Zeit einige Kinder lachen. Zum Abschluss dürfen alle Kinder noch einmal tief und ruhig ein- und ausatmen, bevor sie viel entspannter weiterlernen.

Kommentar

Das Spiel eignet sich nicht nur für Streithähne, sondern für alle Kinder. Im Laufe des Tages oder der Woche erlebt sicher jeder einmal Frust, der einfach abgelassen werden muss – und das ganz ohne Sanktionen. Was eignet sich da besser, als einfach lautlos draufloszuschimpfen, dass die Funken fliegen – natürlich auch lautlos. Hinterher werden sich alle viel entspannter fühlen.

Das meint Matti

Das Spiel finde ich cool. Hier kann ich die gemeinsten Sachen sagen, natürlich ohne ein Geräusch. Manchmal mache ich das auch zu Hause, wenn ich schlechte Laune habe. Das hilft ganz toll, und ich fühle mich danach besser.

45 Schlaffe Socke

Material: –
Dauer: 10 Minuten
Tempo: langsam

So geht's

Alle Kinder stehen verteilt in der Klasse. Sie können, wenn Sie mögen, auch leise Entspannungsmusik dazu hören. Nun sagen Sie:

„Stelle dir vor, du bist eine Socke, eine ganz schlaffe Socke, die gerade ausgezogen wurde und jetzt schlaff auf dem Boden liegt. Lass deinen Kopf hängen. Spüre, wie entspannt er ist. Lass deine Arme nach vorne hängen. Sie baumeln herunter wie schlaffe Socken. Nun lass deinen Oberkörper herunterhängen. Auch er darf ganz sachte und vorsichtig baumeln.
Nun gehe auf die Knie und kauere dich ganz klein und entspannt zusammen wie eine schlaffe Socke. Spüre den Boden, der dich trägt. Du fühlst dich locker und warm und sehr getragen. Genieße dieses Gefühl einige Augenblicke. (Warten Sie nun ein paar Sekunden.) Allmählich spürst du, wie wieder viel Kraft in dich strömt. Du fühlst dich stark, und du richtest dich langsam wieder auf. Stück für Stück, ganz langsam, bis du wieder stehst. Strecke und recke dich. Du bist jetzt wieder ganz frisch."

Kommentar

Diese kurze Entspannungsreise bietet sich nach anstrengenden Arbeitsphasen an.

Ich habe mir zu Hause auch eine schlaffe Socke in mein Zimmer gelegt. Die erinnert mich daran, ab und zu „Schlaffe Socke" zu spielen. Tut wirklich gut.

46 Kuschelreihe

Material: –
Dauer: 10 Minuten
Tempo: langsam

So geht's

Alle Kinder sitzen im Kreis – allerdings hintereinander, sodass jeder den Rücken des anderen vor sich hat. Nun darf sich ein Kind eine kuschelige Wohltat ausdenken, z.B. einmal über den Rücken streicheln. Diese Wohltat wird nun einmal reihum weitergegeben, bis sie wieder beim ersten Kind angekommen ist. Nun darf sich ein anderes Kind etwas ausdenken, z.B. eine Mini-Massage mit den Fingerspitzen. Auch diese wird wieder reihum weitergegeben.
Gerade in der ersten Klasse freuen sich die Kinder oft noch über Körperberührungen, sodass die meisten gerne mitmachen. Wer gar nicht will, darf auch nur „Weitergabe-Station" sein und schaut sich einfach ab, welche Wohltat die anderen machen, ohne selbst berührt zu werden. Er darf diese aber weitergeben, wenn er möchte.

Kommentar

Die meisten Kinder genießen die Kuschelreihe sehr. Die Kinder können wie Schmetterlinge ganz zarte Berührungen weitergeben, verschieden große Kreise auf den Rücken malen oder auch einfach nur mal die Hände spüren. Hier fällt jedem etwas ein.

Das meint Lara

Ich mag es besonders, wenn jemand Regentropfen auf meinen Rücken fallen lässt. Das geht so: Mit den Fingerspitzen ganz schnell und ganz vorsichtig auf den Rücken tippen. Danach fühle ich mich wie nach einem Regen im Sommer – so richtig wieder wach.

47. Schmetterling

Material: Musik zum Tanzen
Dauer: 10 Minuten
Tempo: mittel

So geht's

Alle Kinder stehen als Schmetterling an ihrem Platz. Der Stuhl ist ihre jeweilige Blüte. Wenn die Musik beginnt, „fliegen" die Schmetterlinge im Klassenraum umher. Geben Sie dazu unterschiedliche Richtungen an:

- Alle Schmetterlinge fliegen nach rechts.
- Alle Schmetterlinge fliegen nach links.
- Alle Schmetterlinge fliegen um die nächste Blüte herum.
- Alle Schmetterlinge tanzen mit einem Partner.
- Alle Schmetterlinge ruhen sich auf ihrer eigenen Blüte aus.

Damit beenden Sie den Schmetterlings-Ausflug. Insbesondere Walzer-Musik lässt eine fröhliche Stimmung bei den Kindern aufkommen, sodass sich alle hinterher viel gelöster fühlen.

Kommentar

Das Spiel sorgt gleichzeitig für Bewegung und Entspannung bei den Kindern. Lassen Sie die Kinder auch selbst einmal abwechselnd die Richtung vorgeben.

Manchmal spielen wir das Spiel auch anders. Dann darf jeder sich aussuchen, was er sein möchte, es muss aber fliegen können. Ich spiele dann am liebsten eine Elfe oder ein Pferd mit Flügeln.

48. Schildkrötentransport

Material: ein Kissen für jedes Kind oder einen transportierbaren Gegenstand (z.B. das Federmäppchen)
Dauer: 5–10 Minuten
Tempo: mittel

So geht's

Alle Kinder verteilen sich in der Klasse auf allen vieren. Jeder bekommt nun ein Kissen, ein Federmäppchen oder etwas Ähnliches auf den Rücken gelegt und wird zur Schildkröte. Nun gehen die Schildkröten langsam los, müssen aber aufpassen, dass ihnen ihr Gepäck nicht vom Rücken fällt. Sie dürfen sich unterwegs begrüßen und auch unter den Tischen kriechen. Aber Vorsicht! Immer gut auf das Gepäck aufpassen! Wer behält seines am längsten?

Kommentar

Der Schildkrötentransport eignet sich prima für eine kurze Unterbrechung nach einer längeren Stillarbeitsphase. Besprechen Sie mit den Kindern, dass sich Schildkröten eher langsam bewegen. Am Anfang wollen sich auch viele gerne anrempeln und dadurch den Transport vom Rücken werfen. Als Regel gilt aber: Die Schildkröten dürfen sich gegenseitig nicht berühren.

Das meint Andi

Schildkröten mag ich ziemlich gerne. Sie haben so einen starken Panzer. Mein Trick: ich lege mir etwas ganz Flaches auf den Rücken, was auch nicht so glatt ist. Am besten geht es mit dem Federmäppchen. Ein Lineal ist eigentlich auch gut, aber das rutscht leicht vom T-Shirt runter. Da muss ich dann besonders aufpassen.

49 Hörst du die Form?

Material: Malpapier, Stifte
Dauer: 15 Minuten
Tempo: langsam

So geht's

Jedes Kind erhält an seinem Platz ein Blatt Malpapier. Und schon kann es losgehen. Sprechen Sie nun sehr langsam ein Fantasiewort nach dem anderen, das ein besonderes Klangbild darstellt, wie etwa: „Malimula" oder „Staktite".

Die Kinder sollen auf die unterschiedliche Klangfarbe achten und versuchen, das Wort, das noch gar keine Bedeutung hat, aufzumalen. Wie würde es bildlich aussehen? Was ist eine „Malimula"? Vielleicht irgendwie rund, ganz weich und mit vielen Wellen? Oder wie sieht „Staktite" aus? Eher spitz, mit ganz vielen Zacken?

Abschließend sollen die Kinder auch passende Farben für ihre Wortfigur finden. Welche Farben passen eher zu weichen Wörtern und welche zu spitzen? Besprechen Sie mit den Kindern auch eigene Ideen zu Wörtern: Ein Kind denkt sich ein Wort aus, und die anderen besprechen gemeinsam, wie man dieses wohl malen könnte. Hierbei trainieren die Kinder ganz nebenbei die Laute, die für das Lesenlernen so wichtig sind.

Kommentar

Bei diesem Spiel trainieren die Kinder, auf den Klang von Worten zu achten und einzelne Laute herauszuhören.

Das meint Sina

Ich habe mir das Wort „Maulaupaula" ausgedacht. Das ist ganz rund und hat viele, viele Kreise. Und dann begegnet „Maulaupaula" plötzlich „Ibbifibbi". Das ist etwas glitschig und grün mit Punkten. Die spielen toll zusammen.

50 Fühl-Memo

Material: Pappkärtchen und flächige Materialien mit unterschiedlicher Haptik, wie z.B. Papier, Tapete, Filz, Alufolie, Schmirgelpapier, Stoffreste, Plastikfolie, Luftpolsterfolie etc; Klebstoff
Dauer: 5–10 Minuten
Tempo: mittel

So geht's

Kleben Sie die unterschiedlichen Materialien auf die Pappkärtchen auf – dabei gibt es immer 2 gleiche Pärchen wie beim Memory. Stecken Sie die Kärtchen vielleicht noch in eine schön verzierte Box – fertig ist das ideale Beruhigungsspiel alleine oder zu zweit, wenn Kinder zwischendurch einmal abschalten möchten.

Mit verbundenen Augen erfühlen die Kinder die Kärtchen. Glauben Sie, zwei gleiche gefunden zu haben, legen sie sie übereinander auf einen Stapel und tasten weiter, bis keine Kärtchen mehr da sind.
Zum Schluss kontrollieren sie mit offenen Augen, ob sie alles richtig gemacht haben.

Kommentar

Dieses Spiel benötigt zwar ein wenig Vorbereitung, bietet aber dann Freude für eine lange Zeit. Damit können sich die Kinder auch sehr gut alleine beschäftigen.

Das meint Andi

Das spiele ich total gerne alleine, wenn ich schon mit meiner Arbeit fertig bin und die anderen noch arbeiten. Es ist gar nicht so leicht, die Tapete vom normalen Papier zu unterscheiden.

7

Spiele für ein besonderes Extra

Manchmal macht es einfach Spaß, einfach mal **zwischendurch mit den Kindern zu spielen** – dafür braucht es **keinen besonderen Anlass.** Hat Ihre Klasse heute wieder toll mitgearbeitet? Oder haben Sie unverhofft noch etwas Zeit übrig?
Hat vielleicht ein Kind Geburtstag und darf sich zur Feier des Tages ein Spiel wünschen? Dann sind die „Extras" genau richtig. Sie vermitteln Spaß und Bewegung, Fantasie und Geschick.

Wer würde nicht gerne Fußball im Klassenraum spielen, auch an der Tafel natürlich, wenn ein Ball hin und her geschossen wird? (S. 76) Und wer ist nicht gerne einmal Kapitän und navigiert seine Schiffe in den Hafen? (S. 73) Viele Kinder haben noch ein großes Krabbelbedürfnis aus der Kindergartenzeit. Da kommt das Spiel *„Hundehütte"* (S. 78) gerade recht. Und beim *„Zublinzeln"* (S. 79) lässt sich so mancher liebend gerne festhalten.

Kleine und große Extras versüßen den Schultag. Wechseln Sie die „Extras" am besten immer wieder ab, damit sie auch etwas Besonderes bleiben.

51. Abtauchen

Material: –
Dauer: 10 – 25 Minuten
Tempo: langsam

So geht's

Alle Kinder sitzen auf ihren Plätzen. Sie spielen die U-Boote. Vier Kinder kommen nach vorne und stellen sich vor die Klasse (am besten zwei Jungen und zwei Mädchen). Sie sind die Kapitäne.
Nun heißt das Kommando: „Alle abtauchen!" Alle Kinder an ihren Plätzen schließen nun die Augen, legen den Kopf auf den Arm und strecken ihren Daumen nach oben. Ganz leise schleichen nun die Kapitäne durch die Klasse. Jeder Kapitän sucht sich ein Kind aus, das er nun mit seinem Finger am Daumen berührt. Danach stellen sich die Kapitäne wieder leise vor die Klasse. Jetzt heißt es: „Alle wieder auftauchen!" Alle Kinder öffnen wieder die Augen. Wer einen Fingerdruck gespürt hat, kommt nach vorne und stellt sich hinter seinen vermuteten Kapitän. Stimmt die Vermutung, wird nun dieses Kind Kapitän. Stimmt die Vermutung nicht, bleibt der Kapitän für die nächste Runde bestehen.

Kommentar

Ein Spiel, das Spaß macht und beruhigt. Das kann man oft spielen, wenn noch etwas Zeit übrig ist. Zwei bis drei Runden sollten Sie mindestens spielen.

Manchmal spüre ich, ob mich ein Junge oder ein Mädchen antippt. Jungen berühren meistens kräftiger.

52 Fischer, Fischer, gib mir ein Wort!

Material: ein kleiner Gegenstand
Dauer: 10 Minuten
Tempo: mittel

So geht's

Für dieses Spiel benötigen Sie etwas Platz. Vielleicht können Sie bei schönem Wetter auf den Schulhof, ansonsten in die Sporthalle gehen.

Die Kinder stellen sich nebeneinander in einer Reihe auf – entweder auf eine Linie oder an einer Wand. Ein Kind ist der Fischer und steht am anderen Ende. Nun rufen die Kinder: „Fischer, Fischer, gib mir ein Wort!" Der Fischer denkt sich nun ein Wort aus und ruft dieses laut den anderen Kindern zu, z.B. „Salami".
Nun dürfen die Kinder so viele Schritte machen, wie das Wort Silben hat, also in diesem Beispiel drei Schritte. Währenddessen rennt der Fischer los und versucht, ein Kind zu fangen. Haben die Kinder das Wort laut in seine Silben zerlegt und sind die entsprechenden Schritte gegangen, sind sie sicher und dürfen von dem Fischer nicht mehr gefangen werden. Hat der Fischer aber ein Kind erwischt, wird dieses nun selbst zum Fischer. Sieger ist, wer zuerst beim Fischer ankommt, ohne gefangen worden zu sein.

Kommentar

Achten Sie ein bisschen als Schiedsrichter darauf, dass die Silbenanzahl auch wirklich eingehalten wird.

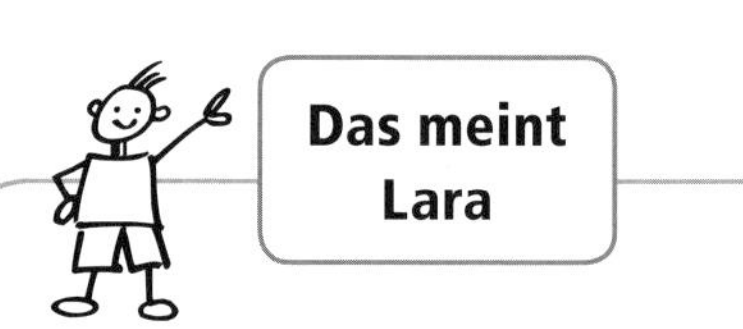

Ich klatsche die Silben immer mit. So weiß ich schnell, wie viele Schritte ich gehen muss.

53 Bello, Bello!

Material: ein kleiner Gegenstand
Dauer: 10 – 15 Minuten
Tempo: mittel

So geht's

Alle Kinder sitzen im Kreis, entweder auf dem Boden oder auf den Stühlen. Ein Kind ist der Hund Bello und kauert sich auf allen vieren in die Mitte mit geschlossenen Augen. Auf den Rücken wird nun ein kleiner Gegenstand gelegt (ein Stück Kreide, ein Radiergummi etc. als „Knochen"). Ein Kind aus dem Kreis schleicht nun leise heran und nimmt Bellos Knochen weg. Alle Kinder im Kreis halten die Hände hinter dem Rücken verschränkt und rufen kurz Zeit später: „Bello, Bello, dein Knochen ist weg!" Jetzt wacht Bello auf und darf im Kreis herumschnuppern. In wessen Händen versteckt sich wohl der Knochen?
Bello darf 3-mal raten. Hat er das richtige Kind gefunden, darf er selbst einen neuen Bello aussuchen. Hat er falsch geraten, rufen alle:
„Bello, Bello dein Knochen ist weg, wer hat ihn versteckt?"
Nun wird der Knochen gezeigt,
und dieses Kind wird der neue Bello.

Kommentar

Dies ist ein Spiel gerade für die Anfangszeit in der ersten Klase, da es viele Kinder aus dem Kindergarten kennen und es sich somit ein bisschen vertraut anfühlt.

Das meint Safi

Das wünsche ich mir als Geburtstagsspiel. Wenn man den Knochen geklaut hat, muss man ganz schnell und unauffällig in den Kreis zurück, damit der Bello nix merkt.

54 Fußball an der Tafel

Material: Tafel und Kreide, runder Magnet
Dauer: 10–15 Minuten
Tempo: schnell

So geht's

Zeichnen Sie an die Tafel den Umriss eines Fußballfeldes (also ein einfaches, großes Rechteck). Links und rechts fügen Sie je ein Tor hinzu, dann eine Mittellinie und von dieser Linie aus zu jedem Tor nochmals drei oder vier Längslinien (siehe S. 77). Später können dies die Kinder auch selbst machen, was sie sehr gerne übernehmen.

Schon geht es los. Die Kinder bilden zwei Mannschaften, die jeweils den Ball in das gegnerische Tor befördern müssen. Der Ball (ein Magnet) liegt zu Beginn auf der Mittellinie. Nun stellen Sie einfache Fragen, die eine eindeutige Lösung haben (z.B. 3 + 4, Welcher Tag kommt vor dem Donnerstag? Mit welchem Buchstaben beginnt das Wort „Leiter"?) Diejenige Mannschaft, die zuerst die richtige Antwort sagt, befördert den Ball eine Linie weiter zum gegnerischen Tor hin. Hat die andere Mannschaft eine Frage richtig beantwortet, „schießt" sie den Ball wieder eine Linie zurück. Dies geht so lange weiter, bis eine Mannschaft ein Tor erzielt hat – also der Magnet durch mehrere richtig beantwortete Fragen hintereinander die Torlinie des Gegners erreicht hat. Sie können das Spiel dann weiterspielen, bis eine Mannschaft zuerst 3 Tore erzielt hat, oder Sie führen eine feste Spielzeit von 5–10 Minuten ein.

Das meint Joshua

Endlich dürfen wir auch mal Fußball im Klassenraum spielen. Manchmal geht der Ball superlange hin und her. Das ist total spannend. Dann freue ich mich ganz doll, wenn endlich ein Tor für uns fällt.

Kommentar

Das Spiel ist ein echter Hit, vor allem für die Jungs. Sie können es auch prima für schnelle Schüler als Ergänzungsaufgabe einsetzen. Diese können es auch mit 1–2 Kindern pro Mannschaft selbst an der Tafel spielen und sich eigene Aufgaben ausdenken.
Man kann es auch mit Mini-Mannschaften (max. 2 Kinder pro Mannschaft) am Platz spielen. Nehmen Sie ein DIN-A3-Blatt und zeichnen Sie das Fußballfeld darauf. Sie können es auch laminieren, dann ist es ganz oft einsetzbar. Als Ball nehmen Sie eine runde Pappscheibe oder einen Stein, und schon geht es los.

So sieht das Fußballfeld aus: Sie können die Anzahl der Längslinien je nach gewünschter Dauer des Spieles variieren.

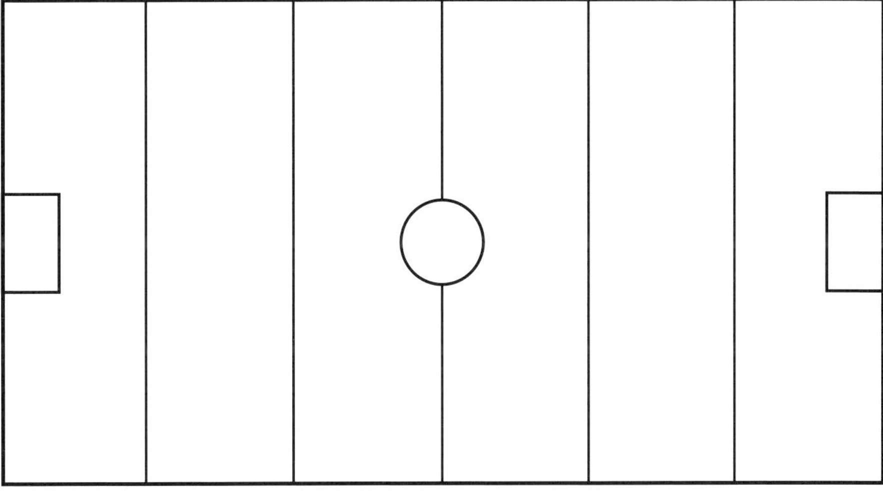

55 Hundehütte

Material: Musik
Dauer: 5 – 10 Minuten
Tempo: mittel

So geht's

Teilen Sie die Hälfte der Klasse in „Hunde" und die andere Hälfte in „Hundehütten" ein. Es sollte allerdings eine Hundehütte weniger als Hunde vorhanden sein. Nun starten Sie die Musik. Die Hunde bewegen sich dazu auf allen vieren, während die Hundehütten ziemlich breitbeinig durch den Klassenraum gehen. Nach einiger Zeit rufen Sie: „Jeder Hund sucht sich eine Hütte!" Nun müssen die Hundehütten breitbeinig stehen bleiben, während sich jeder Hund eine Hütte sucht und darunterkriecht. Ein Hund bleibt übrig. Dieses Kind darf dann als Nächstes die Ansage machen. Hunde und Hundehütten tauschen ihre Rollen, sodass jeder einmal Hund und einmal Hundehütte sein darf.

Kommentar

Das Spiel entspricht vor allem in der ersten Zeit dem Bewegungsbedürfnis der Kinder, denn „Hund sein" spielen fast alle gern. Achten Sie darauf, dass sich die Hunde immer neue Hütten suchen. Am besten funktioniert dieses Spiel natürlich in der Turnhalle.

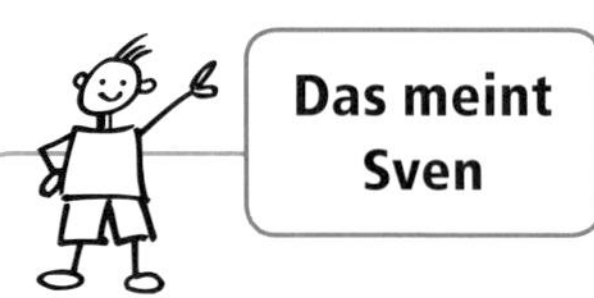

Hier kann ich durch den ganzen Klassenraum krabbeln. Das macht Spaß!

56 Zublinzeln

Material: –
Dauer: 10–15 Minuten
Tempo: mittel

So geht's

Die Schüler bilden Paare. Ein Schüler bleibt übrig und wird der Fänger. Die Hälfte der Paare setzt sich in einen Stuhlkreis. Die andere Hälfte der Kinder stellt sich jeweils hinter ihren Partner. Ein Kind, das auf einem Stuhl sitzt, darf nun beginnen und irgendeinem anderen Kind auf einem Stuhl zublinzeln – natürlich möglichst unauffällig. Haben die beiden Kinder ihr Blinzeln entdeckt und fühlen sich angesprochen, müssen sie die Plätze tauschen. Das ist aber gar nicht so einfach, denn der Partner hinter ihnen muss versuchen, das sitzende Kind schnell festzuhalten. Der Fänger in der Mitte möchte natürlich einen freien Platz ergattern. Wer übrig bleibt, ist nun der nächste Fänger.

Kommentar

Mit einer relativ kleinen Klasse können sie das Spiel auch ohne Partner spielen. Dann sitzen alle Kinder im Kreis, während der Fänger in der Mitte steht. Auch hier blinzeln sich wieder zwei Kinder zu, werden diesmal aber nicht festgehalten, sondern dürfen sofort die Plätze tauschen.

Ich lasse mich manchmal sogar richtig gerne festhalten – natürlich nur, wenn ein nettes Mädchen hinter mir steht.

57. Farben finden

Material: ein Softball
Dauer: 5–10 Minuten
Tempo: mittel

So geht's

Alle Kinder sitzen im Stuhlkreis. Jetzt werfen Sie einem Kind den Ball zu und nennen eine Farbe, z.B. „weiß". Jetzt muss das Kind blitzschnell einen Gegenstand in der Klasse entdecken, der weiß ist, und diesen laut nennen, z.B. „Kreide".
Jetzt wirft das Kind den Ball einem anderen Kind zu und nennt eine neue Farbe. So geht es immer weiter, bis alle Kinder einmal dran waren.
Es darf aber kein Gegenstand doppelt genannt werden.

Als leichte Alternative dürfen keine Klassengegenstände, sondern nur andere Dinge mit der entsprechenden Farbe genannt werden. Hier fällt bestimmt jedem etwas ein. Falls jemand aber wirklich nichts weiß, darf er auch „Regenbogen" sagen, und alle müssen schnell die Plätze tauschen.

Kommentar

Sie können das Spiel auch mit weiteren Lerninhalten verknüpfen, indem Sie keine Farbe nennen, sondern Fragen zum alltäglichen Leben stellen, etwa nach Berufen, z.B. „Wer knetet Teig?" – „Der Bäcker." Oder Sie fragen nach Tieren, z.B. „Welches Tier krabbelt und hat Punkte auf dem Rücken?" – „Der Marienkäfer."

Das meint Timo

Mir fallen immer ganz viele Sachen ein, aber am lustigsten ist es, wenn ich „Regenbogen" rufe!

58 Der unsichtbare Dirigent

Material: –
Dauer: 10–15 Minuten
Tempo: mittel

So geht's

Dieser Klassiker gehört zu den beliebtesten Spielen für zwischendurch. Alle Kinder sitzen im Kreis. Ein Kind, der Detektiv, wird kurz hinausgeschickt. Die verbliebenen Kinder bestimmen nun ein Kind im Kreis zum Dirigenten. Der Detektiv vor der Tür wird wieder hereingerufen.

Der Dirigent macht nun, wenn der Detektiv nicht hinschaut, pantomimisch ein Musikinstrument vor. Alle anderen Kinder, die natürlich ganz unauffällig den Dirigenten beobachten, machen die Bewegung nach. Zwischendurch wechselt der Dirigent sein Instrument – alle anderen Kinder reagieren sofort und wechseln ebenfalls auf das neue Instrument.

Kann der Detektiv den Dirigenten aufspüren? Er hat 3 Rateversuche.

Kommentar

Dieses Spiel eignet sich sehr gut, um die Klasse zu beruhigen, denn niemand darf dabei ein Geräusch machen. Dennoch bietet es durch die lustige Pantomime und die Spannung viel Spaß für jeden. Mein Universal-Tipp für zwischendurch.

Wir müssen immer ganz heimlich zum Dirigenten rübergucken, damit der Detektiv nichts merkt. Einmal, als ich Dirigent war, hat mich der Detektiv ganz lange angeguckt, da konnte ich natürlich nichts machen.

8

Spiele zum fröhlichen Verabschieden

Ende gut, alles gut. Diese Lebensweisheit gilt insbesondere für einen langen Schultag. Am Schulschluss können die Kinder so noch einmal zusammenkommen und die **Geborgenheit in der Gemeinschaft erfahren.** Der Abschluss kann natürlich, ähnlich wie der Morgenkreis, zu einem **festen Ritual** werden, das den Kindern den **Übergang in den nächsten Tagesabschnitt** signalisiert. Ein gestalteter Schulschluss wirkt auch **viel persönlicher** als nur ein einfaches „Tschüss, bis morgen!".
Vielleicht entdecken Sie ja mit den Kindern gemeinsam ein Abschlussspiel, das Sie als Ritual einführen. Das kann täglich stattfinden oder auch abwechselnd in der Woche. Sie merken selbst am besten, wann die Kinder bereit für ein neues Spiel sind oder lieber das gewohnte noch ein bisschen weiterspielen wollen.

Spiele, die die Gemeinschaft stärken und dabei auch geräuschvoll sein dürfen, sind die *„Abschlussrakete"* (S. 85) oder auch *„Der Schweif des Kometen"* (S. 89). Beide Spiele funktionieren aber auch sehr schön als ganz leise „Mäuschen-Rakete" oder fast lautloser *„Schweif des Kometen"* (S. 89). Besonders beliebt beim „Händedruck" (S. 86) ist immer wieder der Turbodruck. Hierbei müssen alle Kinder zum Schluss noch einmal gut aufpassen.

Manchmal dürfen die Kinder auch ein *„Abschiedsgeschenk"* (S. 90) mit nach Hause nehmen, ein imaginäres zwar, – es bereitet aber vielen Kindern fast genauso viel Freude wie ein echtes. Und der Fantasie sind natürlich keine Grenzen gesetzt. Da gibt es außergewöhnliche Geschenke wie ein Piratenfeuerwehrauto mit Segel und Blaulicht oder ein Seerosenpferd, das fliegen kann. Je weniger Sie vorgeben, desto lustiger wird es!

59 Abschlussrakete

Material: –
Dauer: 2–3 Minuten
Tempo: schnell

So geht's

So eine Abschlussrakete ist schon sehr spektakulär: Alle Kinder stehen im Kreis, ohne sich anzufassen. Starten Sie die Rakete, indem Sie sagen:
„Die Abschlussrakete startet gleich – der Countdown läuft!"
Alle zählen nun gemeinsam rückwärts von 10 bis 0.
„Die Rakete macht sich startklar!"
Alle bewegen sich schnell auf der Stelle.
„Die Triebwerke werden gezündet!"
Alle stampfen.
„Die Rakete hebt gleich ab!"
Alle strecken die Arme zur Kreismitte und bewegen die Finger.
„Und die Rakete fliegt!"
Dazu werfen alle die Arme schwungvoll nach oben.
Nun dürfen die Kinder auch endlich nach Hause düsen.

Kommentar

Ganz spielerisch lernen die Kinder dabei das Rückwärtszählen. Erhöhen Sie deshalb später den Countdown ruhig auf 20.

Das meint Joshua

Ab und zu machen wir auch eine ganz leise Mäuschenrakete. Nur am Ende rufen wir ganz laut: „Und die Rakete fliegt!"

60 Händedruck

Material: –
Dauer: 1–2 Minuten
Tempo: mittel

So geht's

Alle Kinder stehen zum Abschluss im Kreis und halten sich an den Händen. Vielleicht sprechen Sie gemeinsam noch einen Schlussvers oder singen ein Lied. Anschließend erfolgt der gemeinsame Händedruck. Ein Kind schickt den Händedruck entweder links- oder rechtsherum los. Er wird von Kind zu Kind, immer mit der anderen Hand, weitergegeben, bis er schließlich wieder beim ersten Kind zu spüren ist. Daraufhin ruft das Kind: „Angekommen!", und der Kreis kann sich auflösen.

Kommentar

Der Händedruck ist sehr leise und unauffällig. Man soll ihn nicht sehen, nicht hören, sondern nur fühlen. So sammeln sich alle noch einmal zum Schluss des Schultages und spüren die Gemeinschaft. Alternativ dürfen die Kinder auch einen Turbodruck herumgeben, der dann so schnell wie der Blitz sein muss. Spannend wird es auch, wenn zwei Kinder den Händedruck links- und rechtsherum weitergeben. Bei welchem Kind trifft sich dann der Händedruck?

Ich mag am liebsten den Turbodruck, der so richtig schnell im Kreis herumdüst. Da muss aber wirklich jeder genau aufpassen und sofort reagieren.

61. Kind des Tages

Material: Tafel, Kreide
Dauer: 10 – 15 Minuten
Tempo: mittel

So geht's

Alle Kinder sitzen im Halbkreis oder Doppelhalbkreis vor der Tafel. Zeichnen Sie den groben Umriss eines Kindes an die Tafel. Nun wird gemeinsam ein Kind ausgewählt, das als „Kind des Tages" vor die Tür gehen soll. Vorher sollen es die anderen Kinder aber noch einmal genau betrachten.
Sobald das „Kind des Tages" den Raum verlassen hat, fangen die anderen Kinder mit der Beschreibung an:

- Welche Haarfarbe hat das Kind?
- Trägt es Ohrringe?
- Hat es lange oder kurze Haare?
- Welche Farbe hat der Pullover?
- Welche Farbe hat die Hose?
- Wie sehen die Schuhe aus?
- Haben die Schuhe Schnürsenkel oder Klettverschluss?

Die Kinder sollen selbst diese Merkmale in den Umriss an der Tafel einzeichnen. Wenn niemandem mehr etwas einfällt, wird das „Kind des Tages" hereingerufen. Kann das „Kind des Tages" sich an der Tafel wiedererkennen?

Kommentar

Dieses Spiel stärkt ganz besonders die Klassengemeinschaft. So achten zum Schulschluss noch einmal alle aufeinander und nehmen sich bewusst wahr.

Ich sehe mir schon den ganzen Tag alle Kinder gut an, damit ich am Ende ganz genau malen kann.

62 Ciao-Orchester

Material: –
Dauer: 3–5 Minuten
Tempo: mittel

So geht's

Wie wäre es mit etwas lockerem Fremdsprachenunterricht zum Schluss? Vielleicht haben Sie ja Kinder in der Klasse, die andere Sprachen beherrschen. Können diese einmal erzählen, was „Auf Wiedersehen" oder „Tschüss" in ihrer jeweiligen Sprache heißt?

Die Kinder bilden einen Stehkreis, während zwei Dirigenten den Klassenraum verlassen. Nun sucht sich jedes Kind einen Abschiedsgruß aus. Anschließend werden die beiden Dirigenten wieder hereingerufen. Diese zeigen nun nacheinander auf einzelne Kinder. Die angesprochenen Kinder singen, flüstern oder rufen nun ihre Abschiedsgrüße.

Kommentar

Sehr spielerisch setzen sich hier die Kinder mit dem Klang unterschiedlicher Fremdsprachen auseinander. Je ausgefallener die Sprachen sind, desto interessanter wird es für die Kinder. Vielleicht können Sie die Länder auch einmal auf einer Weltkarte zeigen oder ein passendes Bild dazu aufhängen.

- ≋ Griechisch: antio
- ≋ Japanisch: sayonara
- ≋ Isländisch: bless
- ≋ Suaheli: kwa heri

Das meint Lisa

Ich habe jetzt „Auf Wiedersehen" in vielen anderen Sprachen gelernt. Ganz komisch hört es sich auf Finnisch an: „Näkemiin!"

63 Der Schweif des Kometen

Material: –
Dauer: ein paar Minuten
Tempo: mittel

So geht's

Alle Kinder stehen im Kreis. Klatschen Sie nun einen einfachen Rhythmus, den zuerst das Kind neben Ihnen wiederholt. Der Rhythmus wird nun von Kind zu Kind im Kreis weitergegeben, bis er wieder beim ersten Kind angekommen ist. Stimmt der Rhythmus noch? Lassen Sie in einer zweiten Runde ein Kind den Rhythmus aussuchen, in den nach und nach alle mit einstimmen. So wird das Klatschen von Kind zu Kind immer lauter, bis alle denselben Rhythmus gleichzeitig klatschen. Das ist eine sehr schöne Erfahrung: Der eigene Rhythmus zieht einen großen Kreis wie ein Kometenschweif.

Kommentar

Benutzen Sie zunächst sehr einfache Rhythmen, damit jedes Kind ein Erfolgserlebnis hat. Wenn die Klasse schon ein bisschen geübter ist, können auch kompliziertere Rhythmusfolgen auf die Reise geschickt werden. Und wenn auch das irgendwann alle beherrschen, klatschen Sie nicht nur in die Hände, sondern auch auf die Oberschenkel, die Knie und die Füße, hinter den Rücken und auf den Kopf. Wer kann jetzt dem Schweif des Kometen noch folgen?

Das meint Kim

Am liebsten mag ich es, wenn am Schluss alle gemeinsam den Rhythmus klatschen. Manchmal verschwindet der Schweif des Kometen auch. Dann hört immer ein Kind nach dem anderen mit dem Klatschen auf, bis es ganz, ganz leise wird. Dann sagen wir noch einmal alle leise „Tschüss".

64. Abschiedsgeschenk

Material: –
Dauer: 5–10 Minuten
Tempo: langsam

So geht's

Alle Kinder stehen im Kreis. Ein Kind gibt ein imaginäres Geschenk weiter: Alle achten darauf, ob es groß oder klein ist, leicht oder schwer, ob man es vielleicht ganz vorsichtig anfassen muss, weil es zerbrechlich ist, oder ob man es kuschelig an sich halten darf.
Sie können dies zunächst an einem Beispiel vormachen: Verschenken Sie doch einfach eine große imaginäre Zuckerwatte. Man muss sie ganz vorsichtig am Stab weitergeben. Wenn man sie anfasst, verkleben natürlich die Finger. Und ab und zu darf man auch kleines Stück abbeißen. Wenn das Geschenk einmal die Runde gemacht hat und von Kind zu Kind weitergegeben wurde, darf das letzte Kind in der Runde nun das Geschenk ‚auspacken' (wenn es in der Phantasie eingepackt war) und vermuten, um was es sich wohl handeln könnte. Dann darf es natürlich das imaginäre Geschenk behalten.

Kommentar

Viele Kinder sind sehr stolz, wenn sie ihr Geschenk mit nach Hause nehmen dürfen, auch wenn es nur imaginär ist! Es macht auch Spaß, sich richtige Fantasiegeschenke auszudenken, die man sonst nie bekommen würde.

Das meint Matti

Ich habe einmal ein Riesen-Feuerwehrauto verschenkt. Ich habe dann vorgemacht, wie man die lange Leiter nach oben drehen und mit dem Wasserschlauch spritzen kann. Aber ein Mädchen dachte, es wäre der Swimmingpool von Barbie!

65 Alle Tiere in den Stall

Material: evtl. Tierkarten
Dauer: 10 Minuten
Tempo: mittel

So geht's

Ein oder zwei Kinder sind die Hirten, die vor dem Klassenraum warten. Die anderen Kinder werden per Los oder auch nach eigener Vorliebe in vier verschiedene Tierarten aufgeteilt, wie beispielsweise Pferde, Kühe, Hunde oder Katzen. Jede Tierart hat natürlich auch einen Stall, in den sie zum Abschluss des Tages geht. Kennzeichnen Sie hierfür jede der vier Ecken des Klassenraumes entsprechend mit einem Schild oder einem anderen Symbol. Alle Tiere dürfen sich noch einmal richtig bewegen und durcheinander bellen, wiehern, muhen oder miauen. Aber nicht mehr lange, denn nun kommen die Hirten herein, hören sehr genau hin, welches Tier in welchen Stall gehört und führen es dorthin. Wenn alle Tiere ihr Zuhause gefunden haben, werden sie immer leiser und leiser und schlafen schließlich ein. Nun dürfen die Kinder ganz leise den Klassenraum verlassen.

Kommentar

Dieses Spiel können Sie natürlich auch mit Zootieren oder anderen Tieren spielen. Wenn Sie es lieber in den Deutsch- oder Matheunterricht einbauen möchten, lassen Sie jedes Kind einen Laut oder eine Zahl nennen und jedes Kind dann ein anderes in ein Buchstaben- oder Zahlenhaus bringen.

Das meint Lara

Das ist gar nicht so einfach, in dem Durcheinander von Stimmen die richtigen Tiere herauszufinden.

66 Super-Aufräum-Würfel

Material: ein großer Schaumstoff-Würfel
Dauer: 10–15 Minuten
Tempo: mittel

So geht's

Die Kinder sitzen im Abschlusskreis. Jedes Kind darf nun einmal würfeln.

Variante 1:
Der Würfel wird reihum weitergegeben. Jedes Kind muss so viele Dinge aufräumen, wie die Augenzahl anzeigt. Wer jetzt eine Eins würfelt, hat natürlich Glück gehabt. Aber auch sechs Sachen sind prima zu schaffen. Sollte nach dieser Runde immer noch Unordnung sein, starten Sie einen zweiten Durchgang. Dann sollte aber alles blitzblank sein.

Variante 2:
Zeichnen Sie sechs Aufräum-Kategorien an die Tafel. Sie können hierzu auch ein Poster vorbereiten, das Sie laminieren und so immer wieder einsetzen können. Jeder Kategorie ordnen Sie eine Würfelzahl zu.
Diese könnte folgendermaßen aussehen:
1 – alle Dinge vom Boden aufsammeln
2 – die Tafel putzen
3 – den Klassenraum fegen
4 – die Regale aufräumen
5 – die Tische sauber machen
6 – die Blumen gießen

Je nach Würfelzahl bilden sich nun unterschiedliche Gruppen, die mit der Aufräumaktion starten. Und gemeinsam geht es wirklich schnell.

Eigentlich räume ich gar nicht gerne auf, aber gemeinsam mit den anderen macht es mir viel mehr Spaß. Dann putzen wir immer rasend schnell die Tafel. Gibt es eigentlich auch Würfel, auf denen nur lauter Einsen drauf sind?

Pig-Band Borste:
Vom Frühstückssong zum Abschiedsgong.
Musikalische Rituale für den Schulalltag. Audio-CD.
Kl. 1–4, Verlag an der Ruhr, 2010.
ISBN 978-3-8346-0608-2

Jean Feldman:
155 Rituale und Phasenübergänge für einen strukturierten Grundschulalltag.
Kl. 1–3, Verlag an der Ruhr, 2009.
ISBN 978-3-8346-0480-4

Sabine Herzig, Anke Lange-Wandling:
111 Ideen für das 1. Schuljahr.
Vom ersten Schultag bis zum letzten Buchstabenfest.
Kl. 1, Verlag an der Ruhr, 2008.
ISBN 978-3-8346-0363-0

Ilona Holterdorf, Petra Proßowsky:
Kleine Yoga-Rituale für jeden Tag.
Mit einfachen Übungen den Schulalltag rhythmisieren.
6–10 J., Verlag an der Ruhr, 2010.
ISBN 978-3-8346-0610-5

Nicole Lohr, Jutta Schmeiler:
Übungsmaterialien für Scherenmedaille, Farbkastendiplom, Füllerführerschein.
Kl. 1/2, Verlag an der Ruhr, 2009.
ISBN 978-3-8346-0479-8

Jessica Lütge:
Unterrichtsziele spielend erreichen. 3 Bände:
Kl. 1–4, Verlag an der Ruhr, 2009.
Die besten Spiele zum Unterrichtsbeginn.
ISBN 978-3-8346-0541-2

Die besten Spiele zum Lernen mittendrin.
ISBN 978-3-8346-0542-9

Die besten Spiele für den Abschluss mit Gewinn.
ISBN 978-3-8346-0543-6

Redaktionsteam Verlag an der Ruhr:
Der Universal-Kalender für Kita und Grundschule.
3–10 J., Verlag an der Ruhr, 2009.
ISBN 978-3-8346-0591-7

Redaktionsteam Verlag an der Ruhr:
Belohnungs-Aufkleber.
280 Aufkleber, 14 Motive und Sprüche.
Kl. 1–4, Verlag an der Ruhr, 2010.
ISBN 978-3-8346-0676-1

Postfach 10 22 51
45422 Mülheim an der Ruhr

Telefon 030/89 785 235
Fax 030/89 785 578

bestellungen@cornelsen-schulverlage.de
www.verlagruhr.de

■ „Mir hat gut gefallen, dass ..."

88 Impulskarten für gezielte und begründete Reflexionen

Kl. 1–6, 88 farbige Impulskarten, banderoliert, A4
ISBN 978-3-8346-2309-6

■ Alleine, mit dem Partner oder in der Gruppe?

70 Signalkarten zu allen Sozialformen

Kl. 1–7, 70 farbige Signalkarten, 12 x 12 cm, banderoliert
ISBN 978-3-8346-2308-9

■ Unsere Klassenregeln

36 Regelstreifen zum individuellen Kombinieren

Kl. 1–4, 36 Regelstreifen mit Poster in A3, farbig
ISBN 978-3-8346-0902-1

■ Das brauchst du!

232 Materialkarten zur Visualisierung

Kl. 1–4, 160 farbige Karteikarten, A6
ISBN 978-3-8346-1293-9

Klasse organisiert durch den Schulalltag